Peter Veith

Jedes Kind braucht seinen Platz

HERDER spektrum

Band 4792

Das Buch

Geschwister können eine Quelle unschätzbaren Reichtums für Leben und Persönlichkeitsentfaltung sein, falls Eltern die Möglichkeiten und Ressourcen zu nutzen und auszuschöpfen verstehen. Dazu möchte dieser praktische Elternratgeber Hilfestellung geben. Schon in einer Familie mit zwei Kindern gibt es eine bunte Vielfalt von Beziehungsvarianten mit sowohl fördernden als auch störenden Einflüssen. Bei günstiger Beeinflussung, so zeigt der Autor, können die Kinder im geschwisterlichen Miteinander wichtige Dinge lernen und fürs Leben einüben wie zum Beispiel partnerschaftlich zusammenzuarbeiten, Rücksicht zu nehmen, Konflikte friedlich beizulegen, sich zu behaupten, Verantwortung für andere zu übernehmen, Schwächere zu schützen usw. Eltern lernen in diesem Ratgeber, einen wachen Blick für die kritischen Konstellationen und Situationen zu bekommen und allen möglichen Entmutigungen, Schädigungen und Störungen entgegenzuwirken. Anhand konkreter Beispiele werden Leserinnen und Leser in die Lage versetzt, das Gelesene Schritt für Schritt auf die eigene Familie anzuwenden.

Der Autor

Peter Veith, ist Hauptschullehrer, zum Teil freigestellt als Beratungslehrer und an einer schulpsychologischen Beratungsstelle tätig. Er ist ausgebildet in Individualpsychologie (Alfred Adler, Rudolf Dreikurs, Thomas Gordon usw.), integriert in sein Konzept aber auch die praxisrelevanten Ansätze von NLP und TA. Bei Herder: *„Eltern machen Kindern Mut"* (1997); *„Eltern nehmen Kinder ernst"* (Band 4640).

Peter Veith

Jedes Kind braucht seinen Platz

Geschwister in der Familie

Herder
Freiburg · Basel · Wien

Originalausgabe

Gedruckt auf umweltfreundlichem,
chlorfrei gebleichtem Papier

Satzbearbeitung: Fotosetzerei G. Scheydecker, Freiburg i. Br.
Herstellung: Freiburger Graphische Betriebe 2000
Umschlaggestaltung und Konzeption:
R·M·E München / Roland Eschlbeck, Liana Tuchel
Umschlagmotiv: © Bavaria Bildagentur
ISBN 3-451-04792-6

„Wenn das meine Schwester wüßte ...

dann würde sie mich auslachen: ich und Geschichten schreiben! Das hat sie doch immer viel besser als ich gekonnt. Wie oft hat sie sich lustig gemacht über meinen ‚zurückgebliebenen' Schreibstil!"

Wir Erwachsene fühlen uns den Geschwistern auf sehr verschiedene Weise verbunden: Die einen können sich nicht ohne sie wohl fühlen, andere sehen sie als gute Freunde oder als Kameraden. Oft sind die Gefühle so stark gemischt, daß die aktuelle Beziehung zu ihnen (zeitweise) gestört ist oder, oberflächlich gesehen, „aus guten Gründen" nicht mehr besteht.

Viele Eltern sehen wohl, wie ihre Kinder sich öfters miteinander streiten, rivalisieren, sich plötzlich vertragen und „auf unerklärliche Weise" verschieden sind. Durch gegenseitige Bewertung („Du bist ein Versager!") und eine oft zu starke Orientierung aneinander (Stichworte: Rivalität – Neid – Konkurrenz) erlebt das Kind belastende Entmutigung. Dadurch bleiben viele Begabungen unentdeckt! Wie oft stecken Kinder mutlos etwas auf, nur weil sein Geschwister das besagte Interessensgebiet „besetzt" hat! Die hier versammelten Fakten und Erfahrungen unterstreichen: Unsere Denk- und Gefühlswelt, unsere Art, Beziehungen zu gestalten, im Beruf zu handeln, die Auswahl unserer Partner und jener Menschen, mit denen wir nicht gut können, ja sogar die Wahl unseres Berufes und unserer Interessensgebiete, Vorlieben und Einstellungen hängen in viel größerem Maß mit unseren ersten Beziehungspersonen nach den Eltern, den Geschwistern, zusammen: Unser gesamter Umgang mit ihnen wird uns zum Muster für den Umgang mit „dem Rest der Menschheit"! „Irgendwie" wissen wir das schon lange. Doch meine Erfahrung aus der Tätigkeit als Lehrer und individualpsychologischer Berater zeigt, daß dies meist zu wenig zu bewußtem Erziehungsverhalten seitens der Eltern führt, obwohl sie oft selbst unter manchen unangenehmen Auswirkungen der Geschwisterbeziehungen leiden mußten. Das Buch will helfen, daß Eltern die Geschwisterbeziehung ernster nehmen und wirkungsvoll handeln können: Eltern können vielen Entmutigungen entgegenwirken, wenn sie sich an die eigenen Geschwistererfahrungen erinnern. Dann fällt es ihnen sicher leichter, auch vorbeugend auf kritische Situationen zu reagieren, z.B. auf Entthronung, Vergleiche der Geschwister, verschiedene Geschlechter der Kinder, Altersabstand, Krisen in der elterlichen Beziehung.

Natürlich spielt auch die Position in der Geschwisterreihe eine gewisse Bedeutung. Es wird gezeigt, welche Eigenschaften bei Ältesten, Mittleren oder Jüngsten relativ oft zu beobachten sind. Sie erfahren, welchen typischen Gefährdungen durch die Geschwisterposition Eltern mit geeignetem Erziehungsverhalten vorbeugen können, aber auch, welche Stärken bei bewußter Förderung aus der jeweiligen Geburtenfolge entstehen können.

Das Buch orientiert sich an der Individualpsychologie *Alfred Adlers*, dem sehr viele Erkenntnisse auch zum erzieherischen Umgang mit der Geschwisterbeziehung zu verdanken sind. Es baut ferner auf die Erfahrung, daß Eltern auf folgende Weise erfolgreich sein können: Durch verändertes Erziehungsverhalten konfrontieren sie ihre Kinder mit ungewohntem Verhalten: Darauf müssen Kinder reagieren. Sind die Eltern „geschickt" (dazu versorgt sie das Buch mit geeigneten Impulsen), dann verändern sich die Kinder in die gewünschte Richtung. Das ist allerdings nur dann unproblematisch, wenn das Elternverhalten das Kind als gleichwertig respektiert: Dies leistet eine partnerschaftliche Erziehung, die im letzten Kapitel skizziert wird.

Ab und zu stoßen Sie auf Piktogramme. Sie fordern Sie auf, dieses Buch nicht nur zu lesen, sondern auch „immer wieder mal" mit den Übungen und Anregungen neues Verhalten auszuprobieren und eigene Einstellungen zu überprüfen. Veränderung, das unterstreichen diese Ideen, folgt aus liebevollem Infragestellen der eigenen Person und Offenheit für Neues. So kommen Sie dem Ziel näher: Geschwisterbeziehung partnerschaftlichen Charakter geben, damit sie nicht Schicksal spielt.

Frühjahr 2000 *Peter Veith*

Inhalt

Kapitel 1: Geburtenfolge macht Unterschiede

Wie erklären Sie sich, daß Ihre Kinder (manchmal) so unterschiedlich sind? Tina wird ganz der Papa, Franky ist wie Kurt (das ist Mamas Bruder!), manchmal aber auch wie Stefan (das ist der Sohn der Nachbarin!). Wie kommt so etwas? Oft denken wir dann an Vererbung, doch spätestens beim Vergleich mit dem Nachbarsjungen Stefan, der sieben Jahre älter ist, greift der Erklärungsversuch nicht mehr. Viele Leser „wissen" aber auch: Verhalten ist kaum vererbbar, es wird durch Vorbild erlernt. Aber das würde nicht erklären, warum Franky und Stefan, die doch gar nicht miteinander verwandt sind und sich wegen des Altersunterschiedes wenig kennen, von ihren Müttern im nachbarlichen Gespräch als so wesensverwandt eingeschätzt werden. Sie lächeln versonnen, sehen es als Zufall, so etwas gibt es eben?

Es gibt tatsächlich Eigenschaften, die typisch für Älteste, Jüngste, Mittlere ... sind und wissenschaftlich belegt sind: So wird dem Einzelkind u.a. gute Intelligenz, aber relativ geringes Einfühlungsvermögen bescheinigt, dem Ältesten in vielen Fällen auch; er erlebt seine jüngeren Geschwister als Rivalen, was ihn herausfordert; das zweite Kind wird von der Rivalität zum ersten geformt, was davon abhängig ist, ob es sich darin erfolgreich oder unterlegen erlebt; das Jüngste scheint auffallend oft verwöhnt zu werden, was es leicht unselbständig machen könnte.

In diesem Kapitel werden diese Auffälligkeiten, die sich aus der Geschwister-Rangfolge ergeben, dargestellt und darüber nachgedacht, wie negative Auswirkungen verhindert, aber Chancen, die sich aus dieser Position ergeben, genutzt werden können.

Gehen Sie nicht ohne weiteres davon aus, daß ein Ältestes nun wirklich so ist, wie es in diesem Kapitel steht! Sie werden es ja selbst merken: Einiges entspricht Ihrer Erfahrung, aber vieles auch nicht! Hier werden Merkmale beschrieben, die häufig bei

Kindern an der genannten Stelle der Geschwisterreihe zu beobachten sind. Sie beruhen auf allgemeiner Erfahrung. Doch darf nicht verallgemeinert werden; und eine klare Vorbestimmung „so ist es" trifft erst recht nicht zu! Wie soll es auch! Denken Sie an die zahlreichen Umstände, die auf ein Kind nachhaltig einwirken: Berufstätigkeit der Mutter, Wohnverhältnisse, Einkommen der Eltern ... bei jedem Kind wirken solche Einflüsse eventuell völlig anders!

Nur die Position in der Geschwisterreihe für die Verschiedenheit der Kinder verantwortlich zu machen hieße, so wichtige Faktoren wie Altersabstand (Geschlecht – Junge, Mädchen, wer ist älter? – und seine meist unterschiedliche Bewertung) der Geschwister und die „Mischung", aber auch Einflüsse durch Tod oder Krankheit bzw. Behinderung von Geschwistern zu übersehen. Aber das Verständnis für die weichenstellende Bedeutung der einfachen Tatsache, daß ich als Ältester und nicht als Jüngster oder Einzelkind zur Welt kam, hilft, den zu oft klar unterschätzten Einfluß von Geschwistern anzuerkennen.

Schauen wir uns daher die wichtigsten Geschwisterpositionen an und fragen wir uns, was einem Kind in dieser Position zu schaffen macht, welche Vorteile genießt es durch sie? Welche typischen Eigenschaften fallen auf? Wie wirkt sich diese Geschwisterposition auf seine Fähigkeit aus, mit anderen zusammenzuleben und zusammenzuarbeiten? Abschließend sollen einige Impulse dazu dienen, eventuell nachteilige Auswirkungen der Geschwisterreihe zu verhindern oder abzumildern.

▶ *Bitte beachten Sie bitte die Bedeutung der in diesem Buch verwendeten Piktogramme:*

Auch Prominente haben meistens Geschwister. Kleine Notizen deuten an, welchen Stellenwert die Geschwisterbeziehung auf ihren Werdegang hatte.

Dieses Zeichen bezieht sich auf die vorherigen Inhalte und kündigt Impulse und Anregungen für den Erziehungsalltag an.

Dieses Buch eignet sich auch als Selbsterfahrungskurs. Dieses Zeichen steht vor Übungen, die Sie schriftlich in entspannter Atmosphäre durchführen können. Sie benützen sinnvollerweise ein Heft, das dann im Laufe der Zeit zum „Tagebuch der Veränderung" werden kann.

Das lachende Gesicht weist auf humorvolle Episoden und Szenen rund um die Erziehung. Es soll auch symbolisieren, daß Humor und Gelassenheit viele kritische Situationen entkrampfen kann. Durch das entspannende Lachen, können Ideen und Gedanken ausgelöst werden, die Ihnen bei der Lösung der Schwierigkeiten hilfreich sein werden.

Viele Schriftsteller kennen sich hervorragend mit der menschlichen Seele aus. Mich fasziniert, wie sie mit wenigen Worten uns kompliziert erscheinende Zusammenhänge beschreiben und durchschaubar machen. Die Zitate begegneten mir während der Niederschrift dieses Buches. Sie sind daher eher zufällig und könnten Sie einladen, die Erfahrungen jener Schriftsteller, die Sie gerade lesen, bewußter wahrzunehmen.

Erstes Kind/Ältestes Kind

Die Welt des ersten bzw. ältesten Kindes

Die meist jungen Eltern fühlen sich durch ihre Lebensumstände oft stark gefordert und belastet: Probleme, in der sich erst entwickelnden Partnerschaft – instabile finanzielle Verhältnisse (erfordern oft die Berufstätigkeit beider Elternteile), lange Ausbildungszeiten, Probleme am Arbeitsplatz (z.B.: durch Versetzung und Umzug), beengte Wohnverhältnisse. Das hat Folgen für das Kind:

▶ Es erlebt vielleicht eine Welt, in der es öfters (am Tag) die Bezugspersonen (Mama, Oma, Babysitter ...), aber auch die Räumlichkeiten wechseln muß. Ungünstig ist, wenn die Erziehungsideen der Eltern sich nicht mit jenen der übrigen Pflegepersonen vertragen.

▶ Die Erwachsenen kümmern sich sehr aufmerksam um das Kind, freundlich fürsorglich. Meistens schaffen sich die Eltern eher unsicher, experimentierend (mal ängstlich, dann eher zu sorglos) einen eigenen „Stil", wobei sie sich an der selbst erlebten Erziehung orientieren (entweder nachahmend oder aber die Nachteile jener Erziehung bewußt vermeiden wollend).

▶ Allmählich baut das älter werdende Kind seine Mittelpunktstellung mit geeigneten Methoden aus, falls die Eltern nicht klare Grenzen setzen.

▶ Bald zeigen Eltern ihrem Kind, daß sie auch etwas vom ihm erwarten (Leistung, Anpassung, Gehorsam ...); bei Nichtgenügen signalisieren dies die Eltern auf die ihnen eigene Art, das Kind wird auf diese Unzufriedenheit reagieren und auch negative Gefühle erleben.

▶ *Sobald ein zweites Kind geboren wird,* verändert sich die Welt und damit auch die Gefühlslage des ersten. Das gilt auch für die Eltern, die nun „anders" sind. Das erste Kind wird zum Ältesten; neue Erfahrungen mit einer neuen Rolle bleiben nicht aus.

▶ Die Eltern freuen sich über den Zuwachs, ihre Familie ist jetzt oft schon „komplett" ... Sie trauen manchmal dem Großen zu, sein (!) Geschwisterchen mitzuversorgen. Das „Neue" benötigt zur Pflege viel Zeit, die früher dem Ersten „gehörte". Möglicherweise kämpft das Älteste zeitweise um die „alte" Zuwendung der Mutter.

▶ Immer wieder lernt es dann gerade den Wert eines Vaters kennen, der jetzt „einspringt".

▶ Im Vergleich zum Geschwisterchen erlebt das Ältere, schneller größer zu sein, besser klettern zu können ... als das Zweite. Das Zweite seinerseits nimmt (viel eher als die Eltern es für möglich halten!) den sich fast unmerklich entwickelnden „Wettkampf" auf: Es entdeckt „Schwachpunkte" beim Ältesten und versucht, genau dort stärker zu sein. Bei geringerem Altersabstand gelingt es ehrgeizigen Zweiten, den Leistungsabstand aufzuholen. Geschieht dies, stecken das die Ältesten selten ohne weiteres weg; oft findet sich hier die Ursache für „Unruhe" unter den Geschwistern.

▶ Wegen ihres Altersvorsprungs und größeren Reife weisen die Eltern dem Ältesten oft besondere Rechte zu (z. B. mehr Taschengeld, länger aufbleiben, Fernsehen). Zuweilen erlaubt die familiäre Situation oder die Geschlechtsrollen-Erziehung, daß das Kind sich als Stellvertreter des Vaters bzw. der Mutter oder als der/die Mächtigere fühlen kann und dem jüngeren autoritär gegenübertreten darf. Dagegen wehren sich die jüngeren Geschwister: offene oder verdeckte Rivalität und Konkurrenz sind wahrscheinlich.

▶ Eine besondere Note erhält die Geschwisterposition, wenn z. B. Ältestes und Zweites verschiedenen Geschlechtern angehören. Es ist denkbar, daß Kinder erlebte Vor- bzw. Nachteile auf ihr Geschlecht zurückführen.

Das könnte die Entwicklung des Ersten/Ältesten ungünstig beeinflussen:

Ängstliche Bezugspersonen schärfen den Blick des Kindes für Bedrohliches und Schwächen. Vorsicht, das kannst du nicht! Das ist (zu) gefährlich! Das unbekümmerte Kontaktaufnehmen mit den Menschen und den Dingen seiner näheren Umwelt könnte behindert sein, vielleicht schätzt es dann seine Leistungsfähigkeit als zu niedrig ein. Ungünstig wirkt sich auch aus, wenn es zu meinen beginnt, das Wohlwollen anderer könne es nur erhalten, wenn es gehorcht und sich unterordnet; diese Fremdbestimmung lähmt das natürliche Neugierverhalten. Je öfter das Kind die (wohlwollende, aber unerbittliche) Unterstützung, Betreuung und den ängstlichen Schutz erfahren muß, um so klarer wird ihm, das es ohne Hilfe und Unterstützung durch Erwachsene zu nichts imstande ist. Das Selbstwertgefühl leidet darunter. Eigene Erfahrungen können nicht gemacht werden, das Kind wird zunehmend abhängig und unselbständig, sein Verantwortungsgefühl bleibt zurück.

Weil sich das Kind aber durch diese mögliche Überbehütung auch in den Mittelpunkt gestellt sieht, lebt es mehr und mehr mit der irrigen Vorstellung, etwas Besonderes zu sein und dadurch Vorrechte zu genießen. Je älter das Kind wird, um so kritischer wird die Situation in der Familie, da die Eltern sich dieser Anspruchshaltung widersetzen wollen, das Kind aber durch Unarten kämpferisch die Oberhand zu behalten versucht …

Lassen die Eltern dem Nachwuchs dagegen die lange Leine und erlauben ihm zu viel (vielleicht auch, weil sie sich gegen das Kind nicht durchsetzen können oder wollen), dann fehlen klare Grenzen und letztlich die für das Heimischwerden in dieser Welt so nötige Orientierung. Das kann Angst auslösen, denn das orientierungslose Kind wird mit den Mitmenschen anecken, die so „ungezogene" Kinder nicht ungezügelt toben lassen wollen.

Nach der Geburt des Zweiten:

Es wächst unter Umständen das Gefühl, die wichtigen sicherheitsspendenden Bezugspersonen verlieren zu können.

▶ Immer deutlicher wird für das Älteste, daß es in Rivalität zum größerwerdenden Geschwister steht. Mit den Jahren fühlt es sich unter einer dauerhaften Anspannung, unter „Beweis"-Druck; nämlich zeigen zu müssen, daß man doch nicht so schlecht ist ... Das ständige Vergleichen mit dem Geschwisterchen (auch das ständige Verglichenwerden durch andere) kann seinen Leistungswillen – bei bereits entwickelter Mißerfolgserwartung – dämpfen.

▶ Wenn ein Ältestes sich durch ein andersgeschlechtliches Geschwister unter Druck fühlt oder gar Benachteiligungen erlebt, kann es auf die Idee kommen, daß es seine schlechte Lage der eigenen Geschlechtsrolle zuschreibt. Dann meint es, weil es ein Junge (Mädchen) ist, wird es so schlecht behandelt. Dadurch sieht es sein Geschlecht als minderwertig und das andere als das wertvollere! Buben können aber auch, wenn sie sich gegen die Schwester nicht durchsetzen können, sich als mißlungenes Exemplar des ansonsten höherwertigen, starken Geschlechts bewerten!

Gute Aussichten für Ihr Erstes/Ältestes!

Wenn Ihr Erstes lange und sicher zärtliche Zuwendung erlebt und spürt, daß sie nicht an Bedingungen geknüpft ist (wenn ich gehorche, dann mag man mich, ansonsten nicht), dann wirkt dieses Urvertrauen als starker Motor für ein selbstbewußtes Auf-die-Welt- Zustreben; Neugier und Entdeckungsdrang können dem Kind zu Selbständigkeit und Selbstvertrauen verhelfen. Dies sind wichtige Voraussetzungen für erfolgreiches Bemühen um mehr Fertigkeiten und Fähigkeiten sowie um Wertschätzung und gedeihlichen Zusammenwirken mit andern und in Gruppen. So erlebt das Kind, daß viele Menschen zuverlässige Ansprechpartner und Freunde sein können; ein wunderbares und ermutigendes Gefühl! Ich bin okay – die andern sind okay!

Nach der Geburt des Zweiten:

- Viele Älteste erleben durch ihren Altersvorsprung Ermutigung. Durch die Mitversorgung und „Mitverantwortung" für das Kind bzw. die folgenden Geschwister sehen sich Älteste in der Lage, Verantwortung zu übernehmen, verläßlich zu sein und wichtige Aufgaben für andere erfolgreich bewältigen zu können. Es erfährt, in Konkurrenzsituationen anderen gewachsen zu sein; dies liegt an seinen Stärken und Qualitäten: Erfolgszuversicht, „Kampfgeist", Arbeitstechniken, Leistungsbereitschaft, Organisationstalent, Durchsetzungsvermögen, Pflicht- und Verantwortungsbewußtsein …
- Manche Älteste wenden sich, wenn sie meinen, die Mutter bevorzuge das neue Geschwister, ihrem Vater zu. Klappt die Zusammenarbeit mit dem Vater, stärkt dies sein Selbstwertgefühl und seine Fähigkeit, mit andern zusammenzuarbeiten.
- Fördern Eltern von Geburt an das Gemeinschaftsgefühl (Einzelheiten in Kapitel 2), dann erlebt ein Ältestes neue Geschwister eher als Bereicherung. Dies begünstigt gute Erfahrungen mit Gemeinschaften und trainiert so wichtige soziale Fähigkeiten ein. Ein Ältestes (mit Gemeinschaftsgefühl) wird seinen Eindruck, ab und zu zukurzzukommen, oder sich ungerecht behandelt zu fühlen, dazu nutzen, ein Gerechtigkeitsgefühl zu entwickeln. Es lernt dann vielleicht, sich für die Rechte der Benachteiligten einzusetzen und sieht am Erfolg, daß es wichtig für andere sein kann.

Kain (Ältester) ***erschlägt Abel*** (Zweites)

„Es begab sich aber nach etlicher Zeit, daß Kain dem Herrn Opfer brachte von den Früchten des Feldes. Und auch Abel brachte von den Erstlingen seiner Herde und von ihrem Fett, und der Herr sah gnädig an Abel und sein Opfer, aber Kain und sein Opfer sah er nicht gnädig an."

(1. Mose 4.3, 4.4 „Die Bibel", Württembergische Bibelanstalt, Stuttgart 1970)

Wie die Geschichte endet, wissen Sie. Wir sehen Geschwisterneid und seine Folgen. Zwei Brüder werben durch das *gleiche Handeln* (Opfern) um die *Gunst,* um die Zuwendung (nicht um materielle Güter). Wieviele „entthronte" Erste erleben sich durch das Zweite entwertet und beginnen dadurch oft einen lebenslangen Kampf um die (vermeintliche) Zurücksetzung?
→ Groll, Wut, Haß, Vorbehalte, Kontaktverweigerung ... die Formen sind individuell und vielfältig, wie wir Entthronte uns heute dafür revanchieren, daß unser Geschwister uns jene Zuwendung geraubt hat, die wir so brauchen und die uns zusteht ...

Eigenschaften, die Sie oft bei Ältesten beobachten können:

Persönliche Eigenschaften:

Älteste orientieren sich stärker als ihre Geschwister an ihren Eltern und identifizieren sich intensiver mit ihnen, ihren Werten, ihrem Erziehungsstil. Durch das Entthronungserlebnis, auch wenn es gut und bewußt von einfühlenden Eltern „abgefedert" wird, fühlen sich Älteste wohl grundsätzlich herausgefordert: Sie wollen die „guten Zustände" wiederherstellen oder gar erkämpfen; denn nur so können sie wieder Sicherheit, Ordnung, Kontrolle erreichen: „Früher war alles besser." Neues kommt so plötzlich und verheißt grundsätzlich nichts Gutes oder Besseres.

Dadurch erklären sich viele seiner Verhaltensweisen: Älteste legen Wert darauf, die Erwartungen Erziehender und später auch allgemein der als wichtig erlebten Menschen gut zu erfüllen und von ihnen „geschätzt" zu werden. Sie identifizieren sich stärker mit Autorität(spersonen bzw. machtbesetzten Funktionsträgern). Ihrer (erhofften) Zuwendung bzw. ihrem Wohlwollen zuliebe neigen sie dazu, Meinungen zu ändern. Durch das Entthronungserlebnis fühlen sie sich grundsätzlich zurückgesetzt. Eine schmerzhafte Ahnung des Zukurzkommens färbt ihre „Brille".

Älteste gestalten *machtbewußt* die Beziehungen zu den Geschwistern; dies hat durchaus verschiedene Seiten: Einerseits Aggressivität und Konkurrenzdenken, Rivalität, Machtstreben, Eifersucht, Neid; erlebter „Druck" der Eltern, den „Kleinen" Vorbild sein zu müssen; andererseits verinnerlicht es die Wünsche oder Rollenerwartungen und verbindet sie mit dem erworbenen Gemeinschaftsgefühl, zeigt es Verantwortungsgefühl für Jüngere, wird deren Anführer, aber auch Fürsprecher, Anwalt, Vorkämpfer. Älteste lernen von den Eltern ..., wie „man mit Kindern umgeht", sie zum Lachen bringt, sie unterhält, ihnen das Gefühl von Geborgenheit und Sicherheit gibt, zärtlich Wärme und Schutz spendet. Dem Ältesten scheint eine gewisse Machtstellung in der Familie selbstverständlich zu sein (sie darf nicht in Zweifel gezogen werden, da es sonst darum kämpfen wird). „Mein ältester Bruder haßte es, wenn er nicht alles irgendwie unter seine Fuchtel bekommen konnte ..."

Weil erste Kinder von den oft noch unerfahrenen Eltern insgesamt ängstlicher und unsicherer umsorgt werden, aber auch stark auf sie fixiert sind, übernehmen sie in vielen Fällen etwas von ihrer Ängstlichkeit und wollen zu oft „auf Nummer sicher" gehen.

Wundert es, daß das älteste Kind oft konservativer scheint als die nachgeborenen? Schließlich zeigt es sehr deutlich die Werte, Sitten, Einstellungen der Eltern.

Mütter üben offenbar auf ihre Ersten einen stärkeren Leistungsdruck aus als auf die nachfolgenden. Auch erfolgreiche Älteste neigen tendenziell häufiger als ihre Geschwister dazu, sich bei ihrer Mutter oder bei einer anderen Autorität zu vergewissern, daß das, was sie tun, richtig ist.

Ältere Geschwister plagen manchmal im Erwachsenenalter Schuldgefühle: Sie spüren, sie haben damals ihren Geschwistern öfters übel mitgespielt, ja sie körperlich oder mit Worten mißhandelt.

Verhalten außerhalb der Familie:

Älteste haben nicht das stärkste Selbstwertgefühl unter den Geschwistern; sie unterliegen auch eher sozialem Druck. Erstgeborene zeigen oft Mühe, sich mit anderen zu befreunden; vermutlich verhindern ihre oft strenge und unbewußt wirkende Leistungs- und Autoritätsorientierung jenen liebenswürdigen Charme und fröhliche Leichtigkeit, die nachfolgende Kinder – zum Leid- und Neidwesen der Ältesten – entwickeln können. Manchen fällt auf, daß Älteste gerne die menschlichen Beziehungen zugunsten der Erfordernissen der beruflichen Arbeit vernachlässigen.

Sie bringen recht wenig Verständnis für Menschen auf, die ihren Wertvorstellungen widersprechen.

Im Beruf:

- Starkes Bedürfnis nach Anerkennung/Erfolg
- ausgeprägtes Verantwortungsgefühl bzw. -bewußtsein
- disziplinierte Arbeiten, zielbewußt sich den jeweiligen Aufgaben voll widmend begünstigt, den Druck, Fähigkeit Wünschen, Anordnungen, Druck genauestens zu entsprechen: Erstgeborene bzw. Älteste verbeißen sich erfolgsorientiert und hart arbeitend darin, die Erfolgsleiter rasch zu erklimmen. Weil Älteste oft – um sich als beachtet, geliebt und anerkannt zu fühlen – sich um jüngere Geschwister kümmern (mußten), entwickelten sie die Fähigkeit, andere zu betreuen, zu beschützen, ihnen zu helfen bzw. sich für sie verantwortlich fühlen zu können, was schon früh dazu führt, den späteren Beruf im Sozialbereich zu sehen.

So können Sie sich helfen

■ Die jungen Eltern müssen sich um einen möglichst einheitlichen Umgang mit dem Kind sowohl untereinander (Vater–Mutter) bemühen und dies auch von Drittpersonen fordern. So wird für das Kind der Kontakt kalkulierbar und leichter.

Seien Sie aber darauf gefaßt, daß dies bei den eigenen Eltern bzw. Schwiegereltern „von Natur aus" viel schwieriger wird als mit „Fremden", da Sie ja mit den eigenen Eltern eine lange Kind-Eltern-Beziehung verbindet. In dieser Beziehung waren Eltern und Kinder nicht auf gleicher Ebene, von Ihnen erwartete man häufig Gehorsam. Genau das aber hat nun nichts in Ihrer Beziehung zu Ihrem eigenen Kind zu suchen! Nichts ist schlimmer als besserwissende (Groß-) Eltern!

■ Begründen Sie Ihren Kindern freundlich, warum Sie Vergleiche nicht wünschen und dulden möchten, verbieten Sie es nicht ausdrücklich! Doch niemand kann *Sie* zwingen, sie zu hören; falls die Kinder es nicht unterlassen, verweigern Sie Ihre Aufmerksamkeit, indem Sie sich demjenigen räumlich entziehen, das Ihren Wunsch nicht respektieren kann. Selbstverständlich vermeiden Sie – sozusagen mit Vorbildeffekt – auch jeden noch so stimmenden und Ihnen wichtig erscheinenden Vergleich. Mischen Sie sich nicht in Streit und Raufereien Ihrer Kinder ein! Beachten Sie, ob die Nahziele 1 und 2 zutreffen (Kapitel 7).

■ Im einfühlsamen Gespräch forschen Sie, ob Ihr Ältestes sich überfordert fühlt (durch Betreuung der Kleinen oder ähnliches) und vereinbaren mit ihm „Entlastungsideen". Stärken Sie ihm aber gleichzeitig das Gefühl, daß es auch wenn es nicht hilft oder nicht mit einem Kleinen spielt, geliebt und geachtet ist, so daß das Kind ohne Worte erfährt, daß es seine Bedürfnisse nicht verleugnen oder sich für andere aufopfern muß, um anerkannt zu sein. Überprüfen Sie immer wieder: Ist es nötig, daß Ihr Ältestes jetzt gerade Betreuungs- und Versorgungsaufgaben für die Geschwister übernimmt? Diese Frage behält auch ihren Sinn, wenn das Kind die Aufgaben gern oder freiwillig übernimmt!

■ Erinnern Sie sich an die Erfahrung, daß Älteste sich oft zurückgesetzt fühlen, dann fällt es Ihnen leichter, aus Freude über den Neuling nicht den Großen zu „vergessen“: Achten Sie auch gegenüber Bekannten darauf, daß sich nicht alles um das Neue dreht und das Älteste als Randfigur „dumm rumsteht“.

Unschuldig
Wo willst n hin mit den Koffer?
Abhaun tu ich.
Nanu.
Hab ne Schwester gekricht.
Biste krank?
Quatsch. 'n Baby.
Is doch niedlich, nee?
Niedlich? n' Kotzproppen isse!
Deine Eltern mögen se trotzdem, wetten?
Mensch, das isses doch gerade!
Was.
Abgemeldet bin ich bei denen!
Wieso.
Na, ‚Pitzelpitzelchen‘ hier und ‚Titzeltitzelchen‘ da –:
Da drehste doch durch!
Hör ma, warst doch auch ma n Kind.
Aber *ich* hab kein klein Jungn vertrieben!

W. D. Schnurre („Ich frag ja bloß“, Ullstein TB 28010, Seite 31)

Einzelkind / Nachzügler

Die Welt des einzigen Kindes (Einzelkindes, Nachzüglers)

Es kann sein, daß das erste Kind auch das einzige Kind bleibt. Im Laufe der Jahre entwickeln Einzelkinder deutlich andere Eigenschaften als zum Beispiel Älteste. Das Kind wird auffallend oft vor zumutbaren, „normalen" Entbehrungen und Schwierigkeiten (altersgemäße Anstrengung, Durchhaltefähigkeit, „Frustrationstoleranz") bewahrt.

▶ Allmählich könnte sich auswirken, daß das Kind zu wenig „Trainingspartner" für seine Erfahrung mit Mitmenschen hat, da ja die Geschwister fehlen. Es lernt nicht ausreichend: streiten, argumentieren, sich miteinander freuen, etwas gemeinsam ertragen, durchführen, erreichen, für andere etwas tun, sich helfen lassen und auch helfen, dem anderen etwas – Gutes – zutrauen.
▶ Immer häufiger registrieren Eltern und Erzieherinnen im Kindergarten, daß solche Kinder mehr Ansprüche stellen, über andere bestimmen wollen (Motto: „Mein Wunsch sei euch Befehl!"), sich den Anweisungen widersetzen und nicht mit andern zusammenarbeiten oder spielen wollen wie Kinder in anderen Geschwisterpositionen.
▶ Öfters hängen diese Kinder auffallend stark an ihren Müttern, die manchmal dafür gute Gründe haben: eigene Lebensangst, Unbefriedigtsein im Alltag, Herrschsucht und ein Geltungsstreben können sie durch diese Überbehütung ausleben.
▶ Dies löst häufig Krisen aus: Der Wechsel Familie/Kinderstube → Kindergarten, Kindergartengruppe → Kindergartengruppe (Wechsel der Erziehenden), Kindergarten → Schule, Lehrerwechsel. Grund: Umstellungsprobleme, weil sich das Kind plötzlich an neue Regeln und Verhältnisse anpassen muß. Denn jetzt sagt jemand deutlich, was das Kind zu tun hat; dies gefällt ihm nicht und es widersetzt sich.
▶ Bei Ehe-/Beziehungskrisen versuchen Einzelkinder meist intensiver als andere Kinder, die Ehe zu retten und sich die Schuld

an der Trennung zu geben; dies erklärt sich meist aus der zu geringen Distanz des Kindes zur Elternpartnerschaft, die es auch als „seine" Sache betrachtet.

▶ Bei Berufstätigkeit beider Elternteile kann in partnerschaftlicher Erziehung das Kind unter Umständen viel Selbständigkeit entwickeln. Fällt dem Einzelkind die Schule nicht leicht, gibt es „Lern-Bündnisse" zwischen Eltern(-teil) und Kind, in denen der Erwachsene oft Pflichten dem Kind abnimmt (z.B.: Schulmaterialien besorgen, wichtige Handgriffe, mit dem Lineal unterstreichen, sauber ausradieren, Schulsachen einpacken, Kind zur Schule fahren, Schultasche tragen) und ihm so wichtige Erfahrungen und Übungszeit vorenthält. „Gutgemeint" schadet öfters als die Eltern ahnen!

▶ Pubertät, die Ablösung von den Eltern sowie die Berufswahl hängen stark vom erworbenen Grad von Selbständigkeit und Selbstvertrauen ab und fallen – wie bei anderen auch – sehr verschieden aus: Manche kleben noch lange am Elternhaus und halten sich im Flüggewerden und in der Ernsthaftigkeit bei der Partnerwahl zurück; Sie können aber auch auf das Gegenteil treffen, wenn Einzelkinder den fürsorglichen „Herrschaftsgriff" zu stark empfinden und dagegen rebellieren.

▶ Weitere Auffälligkeiten: Durch die starke Bezogenheit auf Ältere bzw. Erwachsene zeigen sich solche Kinder oft „altklug" und entwickeln eine Frühreife, was ihre Mittelpunktstellung verstärkt. Dadurch könnten sie sich überschätzen, möglicherweise provoziert dies Enttäuschungen oder „Kampfhandlungen" (z.B.: Kapitel 7 Nahziel 2).

Zu Spätgeborene bzw. Nachzügler: Geschwister mit einem Altersabstand von mehr als sechs Jahren ähneln wegen des großen Entwicklungsabstandes Einzelkindern stärker als anderen Geschwisterpositionen, so daß für sie die Notizen zum Einzelkind als Grundlage dienen können.

Bill Clinton, US-Präsident

Bills Vater stirbt vor seiner Geburt, wird von der Großmutter erzogen ... Von klein auf erlebte er viele Erwachsene um sich, keine Geschwister. Menschen seiner Kindheit sagen über ihn:

„Der verwaiste kleine Strahlemann ... . (34); „er wollte mit allen befreundet sein. Es brachte ihn aus der Fassung, wenn ihn in einer Gruppe jemand nicht leiden konnte."; „er war körperlich weniger geschickt als andere"; „immer freundlich und fröhlich"; „ein Friedensstifter". (41) (Zitate aus Roger Morris, „Die Clintons: eine Amerikanische Karriere", Spiegel Buchverlag, Hamburg 1996, Seite 34, 41)

→ Hätten wir je sein Strahlelächeln kennengelernt, wenn seine Mutter nach zwei Jahren einen weiteren Sohn geboren hätte? Wie hätte Klein-Bill diese „Entthronung" überstanden?

Das könnte die Entwicklung des Einzelkindes ungünstig beeinflussen:

Manchmal, wenn das Kind wieder spürt, daß es nicht im Mittelpunkt stehen kann und bockt, erlebt es, daß seine Umwelt „gar nicht lieb „ zu ihm ist. Dadurch kann die ungünstige Grundmeinung entstehen, daß die Mitmenschen ihm feindlich gesinnt sind und es zur Gegenwehr und Aggression zwingen oder gar berechtigen.

- Bei zu großer Bindung an die Mutter könnte sich das Kind ihr „ausgeliefert" fühlen. Das bringt es in die Klemme: Einerseits brauche ich die Mutter und muß daher lieb zu ihr sein, andererseits ist mir diese Gängelei und Bestimmerei zuviel und ich hasse sie deswegen! Lieben und Hassen, das sät Schuldgefühle und belastet die Entwicklung.
- Das Kind fühlt sich neuen Situationen zunächst grundsätzlich – ohne Mutter (oder starkem Helfer) – nicht gewachsen und ängstigt sich daher vor Veränderungen.

▶ Aus Angst vor Verlust der Sonderrolle und Machtposition, ohne die sich das Kind verloren und allein gelassen fühlt, entwickelt das Kind Geltungsstreben: Es will besser sein als andere, das Sagen haben, andere ausschalten, sie entwerten ...

Gute Aussichten für Ihr Einzelkind!

Natürlich gelten für Ihr Kind jene „gute Aussichten", die wir oben für erste Kinder festgestellt haben. Einzelkinder erleben die volle Zuwendung der Eltern; wenn sie dazu noch bewußt auf die Entwicklung des Gemeinschaftsgefühles (Kapitel 2) achten und partnerschaftlich mit dem Kind zusammenleben, ihm die nötigen Grenzen vermitteln können, dann erfährt das Kind vielfältige Förderung; auch seine individuellen Bedürfnisse (Fortschritte machen, soziale Anerkennung) werden beachtet. Durch diese positiven Erfahrungen wächst sein Selbstwertgefühl. Das Kind fühlt sich den wesentlichen Aufgaben gewachsen.

Eigenschaften, die Sie oft bei Einzelkindern/Nachzüglern beobachten können:

Persönliche Eigenschaften

Ohne Entthronung bleibt das Kind im Mittelpunkt der Aufmerksamkeit Erwachsener (oder wesentlich älterer Geschwister) und erlebt weiter deren besondere Zuwendung. Es besteht die Gefahr, daß das Kind dadurch glauben könnte,
- es habe eine einzigartige Sonderstellung (die ihm auch zustehe), die ihm andere automatisch einräumen müssen (ohne daß es dafür etwas leisten müsse),
- sein Wunsch anderen „zum Gesetz" werde.

Daher bleiben zwangsläufig im Verlauf der Kindheit Enttäuschungen durch die Außenwelt nicht aus. So erklärt es sich, daß sie relativ viel Aufmerksamkeit fordern, ja erzwingen; sie lernen sehr rasch, der bezogenen Person (jener, deren Beachtung erwünscht ist) angepaßt, Methoden (Charme, Klugheit, verschiedene Schwächen, Formen des Ungehorsams, ... siehe Nahziel 1, Kapitel 7), um sie in ihren „Dienst" zu stellen.

→ *Bei ungünstigem Erziehungsverhalten*
Wenn es zu wenig Gemeinschaftsgefühl entwickelt hat, zeigen Einzelkinder zur Sicherung der vermeintlich einzigartigen Stellung ein beachtliches Machtbedürfnis; z.B., wenn sie dazu neigen, Erwachsene gegeneinander auszuspielen; da entsteht (bzw. wird bestätigt) das Machtgefühl: Ich kann Ärger bewirken, ich kann „Ordnung" ganz schön durcheinanderwirbeln ... Wird der Abstand zum nächsten Geschwister größer als sechs Jahre, dann wird es in vielem dem Jüngsten ähnlicher.

Ein verwöhnter Junge kann in seiner ichbezogenen Selbstüberschätzung gegen seinen Vater kämpfen, ihn als Rivalen erleben: Ödipuskomplex? Es ist sinnvoller, zu sehen, daß der Sohn es sich schlichtweg nicht gefallen läßt, daß seine Mama jemand anderem gehört als ihm! Das will er durch seine oft sehr unangenehmen Verhaltensweisen klarstellen!

Solchen Menschen fehlt es bald an Einfühlungsfähigkeit und -bereitschaft, sie sind überheblich, eingebildet, ichbezogen. Einzelkinder sind in ihrer Mehrheit wohl auf die Mutter bezogen; weil diese dem Kind oft zu viel abnimmt, sind sie dann passiver als andere, weil es für sie nie not-wendig wurde, eigene Ideen zu spinnen, auszuprobieren und Entscheidungen selbständig zu treffen.

→ *Bei günstigem Erziehungsverhalten:*
Einzelkinder mit gewecktem Gemeinschaftsgefühl (Näheres Kapitel 2 und 7) lassen in bestechender Weise die Ermutigungsquellen sprudeln: Sie strotzen vor Selbstvertrauen und glauben an ihre Fähigkeiten, nicht zuletzt auch, weil sie ja nicht durch Geschwister ständig wirksame Entmutiger und Herausforderer erleben müssen; daher brauchen sie sich ihnen weder ausliefern noch ihnen klein beigeben oder gegen sie Machtkampf-Verhalten entwickeln. Weil die Eltern meist berufstätig sind, können (und müssen) sie sehr selbständig werden und sich auch zu ihren Vertrauten entwickeln. Sie wirken dann oft überdurch-

schnittlich reif, unabhängig, und ihre tolle Fantasie wird, eingebettet in sozialbezogene Verhaltensweisen, zu Einfallsreichtum und Kreativität. Optimistisch, mit Intelligenz gesegnet, sprachlich geschickt, könnten weitere erfreuliche Merkmale der sozialbezogenen Einzelkinder sein.

Verhalten außerhalb der Familie

Falls nicht bald das Gemeinschaftsgefühl bewußt geweckt und gefördert wird, entwickelt das Kind ichbezogenes Verhalten (siehe Kapitel 2): denn die Umwelt wehrt sich gegen tyrannisches Gebaren; dadurch fühlt sich das Kind bekämpft. Entsprechend feindselig wird es auf die Außenwelt reagieren. Doch die „schlägt" zurück, und so meint das Kind, daß es
- „draußen", außerhalb der Familie, „kalt" ist
- man kämpfen muß, um sich durchzusetzen und
- es sich nicht wirkungsvoll wehren kann, weil einem die Mutter (bzw. die Eltern) vor negativen Erfahrungen (Streit, Schläge, Ärger mit andern) schützt bzw. stellvertretend für einen den Konflikt (Streit) mit anderen Kindern oder Erwachsenen ausgetragen hat. Solche Kinder verstehen sich mit Älteren und Erwachsenen besser als mit Gleichaltrigen (weil die sich einen „Star" oder Bestimmer selten gefallen lassen). Allerdings übernehmen Sie – um zu gefallen und ernstgenommen zu werden – Einstellungen und Meinungen Erwachsener, so daß sie oft kurios altklug wirken. Da es ihnen zugleich an Reife fehlt, wirken sie auf Gleichaltrige lächerlich und wie ein rotes Tuch.

Einzelkinder haben manchmal ängstliche Eltern, unsicherer als jene, die schon Erfahrungen mit zwei, drei oder mehr Kindern sammeln. Die Ängstlichkeit saugt das Kind ein und steuert, gerade nach negativen Erfahrungen, auch den Kontakt zu anderen (Kindern). Folge: Zögerlichkeit, Scheu, Zurückgezogensein, Einzelgängertum.

Die Eigenart, wie das Kind auf andere zugeht, wie es sie bewertet, erlebt und fühlt, verankert in den Grundmeinungen, wird sich auch im Erwachsenenalter „durchschlagen". Partnerschaftlich erzogene Einzelkinder sehen die Mitmenschen und Zusammenarbeit mit ihnen zuversichtlich: sie sind wohltuend zugewandt, offen, gesellig, ohne den bitteren Beigeschmack von Macht-Bewußtsein und Kampf.

Im Beruf

Einzelkinder kommen offenbar sowohl mit Chefs als auch mit Kollegen recht gut aus; von zu Hause gewohnt, daß ihre Bedürfnisse beachtet werden, fällt es ihnen leicht, auf andere Rücksicht zu nehmen. Hier übertragen sie wohl ihre guten Elternerfahrungen auf die Vorgesetzten. Der Jähzorn von damals könnte ab und zu aber plötzlich wieder aufblitzen und trotz guter Beziehungen für Aufregung sorgen.

Selbstbewußt, aber nicht übertrieben ehrgeizig, scheinen sie auch weniger wettbewerbsorientiert zu sein; sie können relativ gut eine Gruppe zusammenhalten, Streithähne befrieden und integrieren.

Bleibt noch daran zu erinnern, daß möglicherweise bei schwächer ausgeprägtem Gemeinschaftsgefühl und geringerer Sozialerfahrung eine gewisse Zurückhaltung und Skepsis gegenüber anderen zurückbleiben können.

Es kann auch vorkommen, daß Mädchen, die mit ihrer Mutter Probleme hatten, Schwierigkeiten in der Konkurrenz mit Frauen haben könnten (Forer/Still).

Schwierigkeiten sind denkbar, wenn mögliche Verwöhnungstendenzen in der Kindheit nicht entschlossen gestoppt wurden. Da wird die Berufswahl zum Problem, weil es solchen Menschen schwerfällt, zu geben ... bzw. sich vorzustellen, „in Dienste anderer" zu stehen ... bittere Enttäuschungen bleiben dann nicht aus ...

So können Sie sich helfen

Führen Sie die Übung „Kein Wunder erwarten" durch, wenn Ihr Kind zuviel (wir werden dicke Freunde) oder zu wenig (das wird sicher wieder eine Enttäuschung) von bevorstehender Kontakten mit anderen erwartet, z.B. von einem Treffen mit einem Klassenkameraden:

▶ Durchführung: Elternteil bzw. die Eltern nützen eine sich zufällig ergebende Gesprächssituation: Denke an einen bevorstehenden Spielnachmittag mit Tommy. Freue dich darauf. Was werdet ihr tun? Wer wird dabei sein? Wie werden die Kinder wohl miteinander auskommen, wer mit wem lieber spielen? Wie reagieren zwei befreundete Kinder, wenn du mit ihnen spielen willst? Was könntest du da tun? Wie könntest du Kontakt mit einem Kind aufnehmen, das gerade allein herumsteht/spielt? Würde es dich überraschen, wenn es Streit gäbe? Wer mit wem? Wen schätzst du als friedlich ein? Mit wem wolltest du am liebsten zusammen sein? Und wenn derjenige nicht will? Was denkst du dann? Wie erklärst du dir das?

▶ So könnte Ihnen die Übung nützen: Das Kind wird weniger von Enttäuschungen überrascht. Es hält es für „üblicher", daß einem nicht gleich alle Herzen, und dies für „ewige" Zeiten, zufliegen und spürt, daß dies allen Menschen so ergeht. Zurückweisung oder ein unfreundliches Wort werden nicht als persönliche Entwertung empfunden. Es lernt, daß bittere und schöne Erfahrungen zum Kontakt mit anderen Menschen gehören. Es erfährt, daß schon am nächsten Tag ein „doofer" Klassenkamerad „ganz nett" sein kann. Das Kind erlebt auch, daß das Verhalten des anderen oft ein „Antwortverhalten" ist: meine Verhalten bewirkt die Reaktion des anderen.

Der dreijährige Tom zeigte sich öfters eifersüchtig auf das neue Baby. Nach einer Erziehungsberatung meinten die Eltern zu dem wieder besonders aggressiven Jungen:

„Nimm doch deinen Teddy und zeig uns mal, was du am liebsten mit dem Baby machen möchtest."

Die Eltern waren gespannt, ob er es nun übers Herz bringen würde, dem Teddy ein Leid zuzufügen; vielleicht würde er sich weigern, das geliebte Plüschtier zu quälen.

Tom dachte keine Sekunde nach, nahm den Teddy und schlug dem Geschwisterchen damit auf den Kopf.

- **Zur Ein-Kind-Familie**

Auch für Einzelkinder gibt es einen Einfluß der Geschwisterbeziehung! Verblüffend?

1. Da Geschwisterbeziehung eine wichtige Funktion erfüllt (Stichwort: Einüben von „Sozialtugenden"), fordert das *Fehlen* von Geschwistern die Erziehenden heraus, diese Lücke *präventiv* und *bewußt zu füllen.*
2. Gerade einzige Kinder sind oft dem Übertragungsgeschehen ausgesetzt, in dem die Familienerfahrung der Eltern und, möglicherweise besonders stark, deren Geschwisterbeziehung, eine Fernwirkung über die Generationengrenze hinweg ausübt! In Kapitel 3 („Eltern stellen die Weichen ... durch ihre ganz persönliche Eigenart, ihr Kind zu erleben") lesen Sie über dieses erstaunliche Phänomen!
3. Nicht zu unterschätzen sollten mögliche „Ersatz-Geschwister" sein, die Eltern ihrem Einzelkind anbieten bzw. die sich „aufdrängen": Nachbarskinder (und deren Erfahrung mit Geschwistern) können eine Funktion übernehmen, die einem Ältesten oder Mittleren oder Jüngsten durchaus entsprechen kann, falls diese Beziehung *über Jahre intensiv bleibt;* und das ist oft der Fall!

Fragen Sie sich nach einer Beobachtungsphase, was eventuell an der Beziehung problematisch sein könnte. In Kapitel 3 finden sie dazu Impulse (für Geschwister setzen Sie das betreffende Kind)!

Das Gesagte trifft verstärkt zu auf Cousins–Cousinen, die Kinder der Geschwister der Eltern ... manchmal leben sie im selben Haus, in der selben Straße, sitzen sogar in der gleichen Klasse, früher spielten sie in der gleichen Kindergartengruppe miteinander. Haben die beiden Mütter schon immer die beiden Kleinen miteinander verglichen? Auch Pflegekinder wären hier zu nennen. Diese Art von Ersatz-Geschwistern kann gerade Einzelkinder (aber nicht nur sie, theoretisch natürlich jede Geschwisterposition) nachhaltig beeinflussen.

Dabei wird es spannend sein, die Kinder „traditionellen" Geschwisterpositionen zuzuordnen. Wer ist das „Älteste", wer das „Jüngste"? Oder spielen gar noch weitere Cousins/Cousinen eine Rolle, so daß gar die Position des „Mittleren" bzw. eine andere einer Drei-Kinder-Familie besetzt wäre? Da ist der Altersabstand entscheidend! Oft ist er sehr gering, was Rivalität und Verbissenheit verursachen könnte! In der Durchsicht von „Eigenschaften" zu jeder Geschwisterposition (in Kapitel 4) werden Sie unter Umständen bei einer Position „auffallend" häufige Ähnlichkeiten mit der Situation Ihres Kindes finden. Das wäre dann Ihre *Ausgangsbasis* für den „Einfluß der Geschwisterbeziehung" Ihres (Einzel-)Kindes! Impulse und Anregungen könnten Ihnen die „Ideen" anbieten, um das Zusammenleben Ihres Kindes und dieses Verwandten förderlich zu gestalten.

Mittleres Kind

Die Welt des mittleren Kindes

Das zweite Kind (bisher das Jüngste) gerät durch die Geburt eines weiteren Geschwisters in die Position des mittleren Kindes. Nun *kann* es möglich sein, daß es in der neuen „Rolle" andere Erfahrungen sammelt als bisher.

▶ Auch das entthronte Zweite fühlt sich, weil Mama sich viel um das Neue kümmert, vernachlässigt. Es experimentiert mit verschiedenen Methoden („bewährten" und neuen), um die Mutter wieder stärker für sich zu haben. Die Beziehung zum neuen Geschwister kann dadurch nachhaltig beeinflußt werden. Für die Mit-Betreuung des dritten Kindes eignet sich in den Augen der Eltern das Älteste wegen seines Alters besser.

▶ Die Verunsicherung kann tief wirken: Wird es geliebt? Benachteiligt man es? Ist die Welt grundsätzlich so ungerecht (ihm gegenüber)? Es erfährt nicht die „Vorrechte", die ein Ältester oftmals genießt und auch nicht jene elterlichen Verhaltensweisen, die es als Bevorzugung bewertet und die in seinen Augen vor allem das Jüngste erhält. Daher fühlt sich das Mittlere oft (grundsätzlich) ungerecht behandelt. Manchmal entwickeln sie dadurch einen starken Gerechtigkeitssinn.

Hermann Hesse, Schriftsteller, 1877–1962
Zweites von vier Kindern (Schwester ist Ältestes, jüngere Schwester, Jüngstes ist ein Bruder)

„... der Bursche hat ein Leben, eine Riesenstärke, einen mächtigen Willen und wirklich auch eine Art ganz erstaunlichen Verstand für seine vier Jahre. Wo will's hinaus? Es zehrt mir ordentlich am Leben dieses innere Kämpfen gegen seinen hohen Tyrannengeist, sein leidenschaftliches Stürmen und Drängen."

So beschreibt ihn die Mutter in ihrem Tagebuch (nach B. Zeller „H. Hesse", Rowohlt Bildmonographien 85, Seite 15f).

→ „Eingezwängt" zwischen zwei Schwestern, in einer bildungsbewussten, frommen Familie, dem Jungen läßt man mehr als ihnen durchgehen, einerseits fasziniert und gleichzeitig darüber erschreckt und will ihn „gnadenlos" bändigen. Hermann versucht auf seine Weise, dieser zwiespältigen Welt zu entfliehen ...

Das könnte die Entwicklung des Mittleren ungünstig beeinflussen:

▸ Das „Sandwich"-Kind fühlt sich oft zu kurz gekommen. Es hat den Eindruck, die Mutter entziehe sich ihm; das beweist ihm die fehlende und schwindende Liebe bzw. Zuwendung.

▸ Erfahrung: Ohne Streß, ständige Kampfbereitschaft und Wachheit verliere ich die Achtung und Bedeutung. Durch diese kritische und fordernde Einstellung stößt das Kind nicht nur auf Gegenliebe bei seinen Mitmenschen. Deren Handlungen wertet es dann häufig als nicht-freundlich.

▸ So kann sich ihm auch das Gefühl bestätigen, nicht dazuzugehören und von Gemeinschaft bzw. jeweiliger Gruppe ausgegrenzt zu sein. Die Angst davor taucht immer wieder auf.

▶ In seiner Kampfstimmung glaubt es oft, seiner Bedeutung nicht sicher sein zu können, „alle" zweifeln es an; auch die Angst vor plötzlicher Verschlechterung der Verhältnisse quält es.

Gute Aussichten für Ihr Mittleres!

▶ Die Erfahrung, durch eigenes Handeln etwas von den Mitmenschen Anerkanntes zu erreichen, stärkt das Selbstvertrauen.
▶ Das Erlebnis, angenommen zu sein („so wie ich bin", bedingungslos), zu anderen als gleichwertig dazuzugehören, fördert seinen Wunsch zum Miteinander.
→ Berücksichtigen Sie für die früheren Jahre Ihres Mittleren auch die Fakten zum „Jüngsten", die immerhin auch einige Jahre wirksam waren und „Spuren" hinterlassen haben.

Eigenschaften, die Sie oft bei Einzelkindern/ Nachzüglern beobachten können:

Persönliche Eigenschaften

Seine Schlüsselerlebnisse sind: Der Wettkampf, die Rivalität bzw. die Vergleichbarkeit mit dem älteren Geschwister und die Entthronung durch das jüngere Kind, das (falls nicht weitere Geschwister folgen) das Jüngste wird. Das mittlere Kind fühlt sich oft überfordert: Einerseits will es den Konkurrenzkampf mit dem Großen nicht verlieren, andererseits gegenüber dem Jüngeren das Große spielen und dabei vernünftig sein.

→ *Bei günstigem Erziehungsverhalten*
hat es genügend Gemeinschaftsgefühl erworben und Ermutigung erlebt. Es ist zukunftsweisend, wie positiv die Grundmeinungen zum Zeitpunkt der Geburt des dritten Kindes sind. Das Mittlere teilt mit dem Ältesten das Erlebnis der Entthronung durch das dritte Kind und das zeitweise Erlebnis, Jüngstes zu sein. Dadurch besitzt es – theoretisch! – gute Voraussetzungen,

sich mit den Geschwistern zu vertragen, wenn, wie erwähnt, die Konkurrenzsituation partnerschaftlich gestaltet wird. Mittlere verstehen es oft, Kompromisse zu schließen und sich diplomatisch zwischen den Parteien zu bewegen; angenehm auch ihr Gerechtigkeitssinn und Gerechtigkeitsgefühl.*

→ *Bei ungünstigem Erziehungsverhalten*
hat es zu wenig Gemeinschaftsgefühl erworben. Ist es ein übersehenes Kind? Fühlt es sich entmutigt durch das Älteste, das „alles" besser kann und überlegen ist, durch den jüngeren, der es durch Tüchtigkeit auch einzuholen gedenkt und mächtig Druck macht (dem es sich auf Dauer auch nicht gewachsen fühlt). Erlebt es, daß es weder die Rechte, die dem Ältesten in der Familie eingeräumt werden, noch die Vorteile des Jüngsten besitzt?

Dann neigt es dazu, sich allgemein im Leben ungerecht behandelt zu fühlen, ausgegrenzt aus der – nicht erreichbar scheinenden – Gemeinschaft anderer. Oft erwartet es vom Ältesten Hilfe. Das Mittlere spielt gegenüber dem Jüngeren seine Macht aus. Fühlt es sich unter Konkurrenzdruck: rechthaberische, beleidigende, provozierende Aktionen, ständig Unruhe stiftend. Solche Mittlere erweisen sich als wesentlich weniger anpassungswillig und viel schneller verletzbar als die meisten Kinder aus anderen Positionen der Geschwisterreihe.*

Verhalten außerhalb der Familie

„Zwischen den Fronten" weiß es sinnvolle und nützliche Umwege zu gehen, um sein Ziel zu erreichen. Gerechtigkeitsgefühl und Einfühlungsfähigkeit wirken sich positiv auf partnerschaftliches Gruppengeschehen aus, die Ermutigungsquellen entfalten sich kräftig und beseelen positiv die vielfältigen Beziehungen.

Stark entmutigt dagegen überwiegt eine aggressive Grundstimmung, weil es sich von anderen als feindlich behandelt erlebt. Es ist sich weder der Zuneigung der nahen Bezugspersonen noch einer „warmen" Position sicher und kämpft darum, was es allerdings nicht liebenswerter macht; verzweifelt bemerkt es dies und fühlt sich oft chancen- und hoffnungslos. Das Selbstbild eines Mittleren könnte sein: „Ich bin ein ‚ewiger Außenseiter'.

Entsprechend ‚heimatlos' und suchend/unstetig, aber auch sich selbst genügend, können sie sein.*

Im Beruf

Wie zu jeder Geschwisterposition, so gilt auch hier: Die Art der Beziehungen zu Autoritätspersonen bzw. Vorgesetzten hängt stark von der Qualität der Beziehungen zu den Eltern ab, denn die wird oft auf die Berufswelt übertragen. Die Beziehung zu den Geschwistern wirkt sich auf die Beziehung zu den Kollegen aus, auf die oft Rollen des älteren Bruders, der kleinen Schwester u. ä. übertragen werden. D. h.: Die Gefühlslage in der Familie überträgt der Mensch (unbewußt) gern auf die „Betriebs-Familie". Die Leistungsfähigkeit hängt stark mit den individuell in der Kindheit erlebten Er-/Entmutigungen zusammen. Es ist nicht sinnvoll hier eine allgemeine Aussage zu machen*

So können Sie sich helfen

■ Wenn sich der Vater bewußt um das Zweite kümmert, mit ihm viel unternimmt, mildern sich die Vernachlässigungsgefühle. Das verstärken Sie, wenn Sie den Mittleren in die Sorge um das Neugeborene einbeziehen und den kameradschaftlichen Umgang mit dem Älteren fördern.
■ Mischen Sie sich nicht in die Streitereien der Kinder ein. Gleichzeitig ermöglichen Sie Ihren Kindern ein kameradschaftliches Miteinander: verschiedene gemeinsame Feste und Feiern (es lassen sich mit etwas Phantasie noch mehr als nur Geburtstage feiern) veranstalten, kleine gemeinsame Projekte durchführen, bei dem jeder eine verantwortungsvolle Rolle spielen

* Altersabstand und Geschlecht (aller drei Kinder) spielen unter Umständen eine so entscheidende Rolle, daß Sie die hier stehenden Notizen mit Inhalten aus den Kapitel 5 bis 6 ergänzen sollten, da sich sonst die Aussagen allzu weit von der konkreten Familiensituation entfernen.

kann und keiner dem andern in sein Aufgabenfeld „hineinfunkt“. Jedes Aufgabenfeld ist als gleich wichtig zu bewerten!

Bedeutsam: sich gemeinsam über das Gelungene freuen und die Anteile aller Beteiligten würdigen.

■ Geben Sie Ihrem Kind immer wieder unmißverständliche Hinweise, daß

– Sie die Stärken des Kindes (genau benennen!) kennen und schätzen,

– das Mittlere jedem Familienmitglied etwas bedeutet. Befähigen Sie Ihre Kinder schon bald, ermutigende, freundschaftliche Rückmeldungen geben zu können; Ihr Beispiel wirkt am besten.

Jüngstes Kind

Die Welt des jüngsten Kindes

▶ Das Nesthäkchen wird geliebt, gehätschelt und nicht selten auch verwöhnt. Es kann unter günstigen Umständen (wenn die Selbständigkeit und das Gemeinschaftsgefühl gefördert werden) vielfältige Förderung, liebevolle Unterstützung erfahren. Es steht insgesamt meist im Mittelpunkt und will mit zunehmendem Alter das Sagen haben, was man ihm bisweilen zu oft gewährt; tendenziell werden zu wenig Grenzen gesetzt.

▶ Viele unvermeidliche Schwierigkeiten des Kinderalltags werden ihm – durch stets „allgegenwärtige Helfer“ – zumindest teilweise abgenommen (z. B.: selbständiges Klettern des noch ungeübten, beim Tragen „schwerer“ Gegenstände …). Es wird oft von seinen kindlichen „Forschungstouren“ abgehalten (herumkrabbeln im Zimmer, allein im Garten, unbeobachtetes „Spielen“ in der Küche oder im Haushalt als Eineinhalbjähriger …), weil meist ein „Gutmeinender“ einspringt.

▶ Eigenständige soziale Erfahrungen – (Streit, Kontakte schließen, spielen mit „völlig Fremden“, aber aufregendem Neuem) – werden oft durch sorgende Geschwister „behindert“: Sie schützen den Jüngsten im Streit oder lösen gar dessen Konflikte. Oft findet es unter seinen Geschwistern einen „Verbündeten" – häufig dem Ältesten – allerdings manchmal mit der Folge, daß dessen „Rivale" –, meist der Mittlere – „unfriedlicher" gegenüber dem Jüngsten wird.

▶ Hängen sich Jüngste an Ältere und bewegen sich in deren Lebensumfeld, können sie dort zum „Star", aber auch zum „Depp" oder ... werden.

▶ Bei Schulschwierigkeiten stehen „genügend" Menschen zur Nachhilfe, Betreuung und „beharrlicher" Zusammenarbeit mit der Schule bereit, um das Jüngstes vor Versagen zu schützen.

▶ Die alternden Eltern sehen im Festhalten der Kindheit des (älter werdenden) Jüngsten eine Chance, sich selbst jünger und gebraucht zu fühlen. Die mögliche Verzögerung der Berufswahl und des „Flüggewerdens" können Folge, aber auch (unbewußte) Zwecke dieser (unbewußten) Haltung sein.

Das könnte die Entwicklung des Jüngsten ungünstig beeinflussen:

▶ Die Erfahrung, daß nicht alle Mitmenschen (vor allem Gleichaltrige und Erziehende in Kindergarten und Schule) die erstrebte Mittelpunktstellung einräumen, bläst ihm kalten Wind ins Gesicht und fordert es zum Widerstand heraus.

▶ Wenn es schon bald „treue Helfer" um sich scharen kann, erlebt das Jüngste aber auch, daß es, ohne Unterstützung kaum den jeweiligen Anforderungen gewachsen ist. Solche „Diener" können ihm auch jeden Streit lösen! In diesem Fall hat es das Jüngste nicht nötig, nachzugeben oder etwas weniger provozierend mit Gleichaltrigen umzugehen. Weil es dadurch kaum beliebt wird, erlebt es dann die anderen Kinder und auch Erwachsenen als ihm feindlich bzw. abweisend gesinnt.

▶ Wenn die Erfahrung überwiegt, es sei schwächer, ungeschickter, dümmer als andere, wird dies vom Jüngsten allmählich als unveränderbare Eigenschaft verstanden.

Gute Aussichten für Ihr Jüngstes!

▶ Die Gewißheit, geliebt zu werden, dauerhaft und bedingungslos, kräftigt sein Selbstbewußtsein. Das Kind fühlt sich heimisch in dieser Welt, die zu erforschen reizt und lohnt: denn sie ermöglicht das Erfahren von Fortschritten, den Erwerb von Fähigkeiten bzw. Fertigkeiten und auch die wohltuende Anerkennung. Beglückt erlebt es, daß es gemocht und geschätzt ist.
▶ Oft macht es die stärkende Erfahrung: Benötige ich Hilfe, bin ich nicht allein. Helfen ist schön und wichtig; auch ich helfe andern (und die freuen sich darüber).

Eigenschaften, die Sie oft bei Jüngsten beobachten können:

Persönliche Eigenschaften

Sie hängen davon ab,
- ob ihm bewußt Gelegenheit zur Selbständigkeit bzw. zu eigenen Erfahrungen geboten wird,
- ob es seine positiven Eigenschaften erleben und wahrnehmen kann bzw. darf (wenn z.B. Eltern es ermutigen) und
- eigene Kontakte bzw. Beziehungen zu Gleichaltrigen herstellen und kameradschaftlich gestalten kann bzw. darf.

→ *Bei günstigem Erziehungsverhalten,*
also gut entwickeltem Gemeinschaftsgefühl, ist das Jüngste: beliebt, entwickelt ein heiteres, unbeschwertes Wesen; weil es sich angenommen fühlt, gestaltet es selbstbewußt seine Beziehungen; von seinen zahlreichen „Lehrern", die es mögen, erfährt es viel Interessantes ... es zeigt gute Leistungsfähigkeit, Intelligenz, Leistungsbereitschaft: denn durch sinnvolle Hilfe, tolle Tips, Anerkennung durch die „Lieben" (und durch positive Einstellung zu den Schrittmachern) zeigt es im Vergleich zu Gleichaltrigen Erfreuliches; gute Schulleistungen ... Oft wird vom Kleinen ja

nicht so viel gefordert, wodurch die Erwartungen an das Kind erfüllbar sind; dadurch gelingt dem Jüngsten viel.

→ *Bei ungünstigem Erziehungsverhalten*
sind Jüngste oft berechnend charmant, extrovertiert; sie bleiben oft lange „das Baby"; übernehmen nicht gerne Verantwortung; selbständiges Entscheiden und Handeln fällt schwer (oft wird „Theater" drum gemacht: Sinn: Helfer bzw. Schuldige am Mißerfolg bzw. Problem ausfindig machen, Verantwortung wegschieben); zeigen sich abhängig von Zuwendung, Hilfe anderer; fühlen sich als Besondere, Ausgewählte, denen eine Sonderstellung oder -behandlung („automatisch", also ohne entsprechend nützliches Handeln) gebührt; wird sie nicht eingeräumt, versuchen sie oft durch aggressives Verhalten und Einsatz harter Machtmittel, dies zu erreichen. Wen wundert es da, wenn sie dann abgelehnt werden? Sie wollen oft völlig Unrealistisches erreichen und schätzen dabei ihre Fähigkeiten falsch ein; sie zeigen dabei auch wenig Menschenkenntnis; Aggression gegenüber Schwächeren (um besser als andere dazustehen, um so die eigenen Mängel bzw. des „aus der Tiefe" wirkenden Minderwertigkeitsgefühl zu überspielen).

Verhalten außerhalb der Familie

In partnerschaftlicher Familienatmosphäre entwickelt es erfreuliche Beziehungseigenschaften: gesellig, charmant, guter Spielkamerad und Unterhalter. Eine als feindlich erlebte Familienatmosphäre schafft den skeptisch gesinnten Mitmensch, der seine Beziehungen mit dem entsprechenden ichbezogenen Sozialverhalten gestaltet. Auffallend häufig: will andere übertrumpfen; oft ist ihm nur das Beste gut genug. Auch versteht er es, seine Schwächen gezielt dazu einzusetzen, andere mit sich zu beschäftigen und unter Spannung zu halten.

Im Beruf

Wichtig ist ihm eine freundliche Atmosphäre ... es bringt seine Leistung nicht aufgrund verkrampft verfolgter Leistungsnormen, sondern „eher von alleine“ (aufgrund starken Selbstwertgefühles); Erfolg steht weniger im Vordergrund als stabile, entspannte Atmosphäre.

So können Sie sich helfen

■ Eltern sollten regelmäßig prüfen, ob Sie den „typischen“ Verhaltensweisen Jüngster (auch Einzelkinder) die richtige „Antwort“ geben:
- Wie reagiere ich auf ihre Vorliebe, sich hilflos zu *zeigen?*
- Wie gehe ich mit dem Trend um, daß es gerne tyrannisieren will (befehlen, Druck machen, Ansprüche stellen, unnachgiebig zu sein)?
- Sehe ich, wie es manchmal zu überehrgeizig ist, und helfe ich ihm zu erreichbaren Zielen?
- Bemerke ich eine Neigung des Kindes, seine Großeltern in Besitz zu nehmen und sie „auszubeuten“ oder gegen Eltern auszuspielen (→ Klärendes Gespräch mit Großeltern führen!)?

Das ängstliche Kind

Es war einmal ein sehr ängstliches Kind. Die sehr besorgten Eltern lehrten es, daß von überall Gefahren drohten und Vorsicht das Wichtigste im Leben sei. Es hatte Angst, zu Fuß über die Straße zu gehen, mit einem anderen als mit Papi Auto zu fahren, zu nahe an einem Fluß oder See entlang zu gehen, Angst vor größeren Schülern, die so wild herumjagten, Angst, allein zu Hause zu bleiben; besonders ängstigte es sich vor Gewittern.

An einem heißen Sommernachmittag spielte das ängstliche Kind in seinem Zimmer mit seiner zwei Jahre jüngeren Cousine, die gerade auf Besuch weilte. In solchen Fällen ertrug es das ängstliche Kind, daß die Mutter noch schnell alleine zum Einkaufen wegging.

Plötzlich wurde es dunkel, und erstes Gewittergrollen erschreckte die beiden Kinder. Der heftige Wind knallte das

Fenster und die offene Balkontür zu. Die kleine Cousine schrie entsetzt auf und kuschelte sich hilfesuchend an das ängstliche Kind und weinte.

Das ängstliche Kind zitterte seinerseits am ganzen Leib; es spürte die vertrauensvolle Wärme der Kleinen und streichelte dem Mädchen über das blonde Haar. Gemeinsam starrten sie hinaus auf das tobende Gewitter. Mit zunächst unsicherer Tonlage erklärte das ängstliche Kind der erschütterten Cousine, deren Körperchen die Angst erstarren ließ, daß ein Gewitter nicht schlimm sei und auch die Blitze schön aussehen. Und mit fester werdender Stimme beschrieb es dem kleinen Mädchen, wie Gewitter entstehen und die physikalischen Eigenschaften der Blitze, ähnlich wie sein Lehrer vor einiger Zeit.

Und während die Cousine der ruhigen Stimme des ängstlichen Kindes lauschte und Ruhe sie durchströmte und die vier Kinderaugen dem zähen Ringen der Bäume draußen im Garten mit Sturm und Wolkenbruch folgten, die Blitze die beiden Gesichter beflackerten, war alle Angst vorbei.

- Viele Geschwister verwöhnen (im hier gebrauchten Sinn: Vorenthalten der Folgen eines Fehlers) das Jüngste, in dem sie sich zu viel (Unverschämtheiten, Frechheiten) gefallen lassen, ohne ihm zu zeigen, daß man wütend ist und dies gemein findet. Ermuntern Sie Ihre Kinder dazu, dem Jüngsten Rückmeldung zu geben (über den unannehmbaren Sachinhalt seines Verhaltens und dessen Wirkung → zum Beispiel die dadurch ausgelösten Gefühle, „Ich finde es mies, daß du ohne Anklopfen in mein Zimmer kommst!").
- Verhelfen Sie Ihrem Jüngsten zu eigenen Kontakten mit Kindern außerhalb der Familie. Die älteren Geschwister und Eltern müssen in der Lage sein, das Kind „allein" lassen zu können, auch wenn es gerade eher bittere/unangenehme Erfahrungen sammelt. Streiten, Versöhnen, Sich-Durchsetzen, Geben und Nehmen, Bitten und Fordern, Nachgeben und Unnachgiebigsein, all das sollte es alleine, selbständig ausprobieren (dürfen).

Dies müssen die Eltern für sich akzeptieren (können) und gleichzeitig die älteren Kinder bitten, dies ebenfalls zu beherzigen. Gewinnen Sie in einem Gespräch „unter Gleichen“ die Älteren dafür!

Kapitel 2: Erstes, Zweites, Jüngstes … so entstehen Unterschiede

Wie wir das Verhalten unserer Kinder verstehen können

„Mein großer Bruder war der Star bei uns daheim; der Mittlere fühlte sich nie wohl, er meinte sicher, daß er dem Großen nicht gewachsen war, und ich als Jüngste galt als die Kleine, Süße, Dumme, aber auch als Liebling, mir fiel manches leichter als den beiden, was mir vor allem Alex (Mittlerer) bis heute nicht verziehen hat … glaub ich."

Geschwister helfen Geschwistern

Hamburg (ap). Für Kinder ist es nach einer Untersuchung sehr viel wichtiger Geschwister zu haben, als bisher angenommen wurde. Die Hamburger Zeitschrift »Journal für die Frau« veröffentlichte Ergebnisse des Berliner Max-Planck-Instituts, nach denen enge Beziehungen zu Geschwistern sehr positive Auswirkungen auf die Entwicklung von Kindern haben können. Selbst Brüder und Schwestern, die als Kinder Rivalen waren, würden im Alter wieder zusammenfinden. Die Experten bewerteten es als dramatisch, dass in Deutschland die Hälfte aller Kinder ohne Geschwister aufwüchsen. In der Zeitschrift wird auch eine Umfrage des Gewis-Instituts zitiert, nach der 60 Prozent der befragten Erwachsenen sehr zufrieden mit der Beziehung zu ihren Geschwistern sind. 31 Prozent sagten, dass Bruder oder Schwester ihr bester Freund oder ihre beste Freundin seien. Nur drei Prozent hatten nichts mehr mit ihren Geschwistern zu tun.

Oberbadisches Volksblatt 24.9.99

▶ Geschwisterbeziehung wirkt ein Leben lang!

Von Lebenspartnern können wir uns scheiden lassen, mit Geschwistern bleiben wir (selbst wenn wir das verleugnen) verbunden, bis daß der Tod …, ob wir das wollen oder nicht. Gehen wir noch einen Schritt weiter: Die Art der Geschwisterbeziehung aus der Kindheit wirkt sich auch auf das aus, was wir heute sind (beruflich, sozialer Status), wie wir mit anderen umgehen (z.B. mit Vorgesetzten, Untergebenen), welche (Lebens-)Partner und Freunde wir wähl(t)en bzw. mit welchen Menschen wir uns nicht vertragen: Es darf nicht vergessen werden, daß wir mit unsern Geschwistern den ersten Menschen außerhalb der Beziehung zu unseren Eltern begegnen. Und offenbar graben sich diese Erfahrungen so tief in uns ein, daß wir – in unserer kindlichen „Welt-Verarbeitung" – sie verallgemeinern und nach diesem Muster die anderen Menschen (zunächst) erleben.

▶ **Die Geschwisterbeziehungen beeinflussen unsere Beziehungen zu anderen Menschen.**

„Ich wäre ja gerne auch wie mein Bruder länger zur Schule gegangen, das Zeug dazu hätte ich gehabt, wenn man es auch meinen Noten nicht angesehen hat, aber ..."

Geschwister vergleichen und bewerten sich, rivalisieren miteinander, die Intensität mag verschieden sein, die Tatsache aber ist wohl unbestritten. Wir bewerten uns (gegenseitig), erfahren Selbst-Wert, erleben Er- oder Entmutigung, wir lernen Tricks, Kniffe und Methoden, um uns gut zu fühlen im Vergleich zu ihnen. Wer erinnert sich nicht an Erlebnisse mit Geschwistern, in denen er bzw. sie sich als überlegen und tüchtiger, aber auch als schlechter und schwächer erlebte? Und meist blieb dies nicht ohne Folgen. Wer sollte jene Sprüche vergessen haben, mit denen Geschwister uns bewerteten: „Du bist eine Heulsuse, ein Schwachkopf, du taugst doch höchstens zum ..." Solche frühen Erfahrungen, immer ähnlich wiederholt, wirken sich – offen oder verdeckt – aus!

▶ **Von den Geschwistern haben wir unsere Art, uns selbst zu bewerten.**

„Mich wundert es, daß der Kleine sich so ganz anders entwickelt als der Große!"

„Die Moni ist ja ein Mathe-As, schade, daß Mark so wenig davon hat, aber der schlägt mir nach!"

Von wegen! – Oder doch? Der Einfluß der Eltern soll nicht verharmlost werden. Aber wie Kinder auf diesen Einfluß reagieren, das hängt oft nicht nur von den Eltern ab, sondern von den Geschwistern!

Zeigt sich das eine Kind von der Trennung der Eltern tief beeindruckt, scheint das andere mit Leichtigkeit damit fertig zu werden! Und wie erleichtert seine Eltern darüber sind! Das eine Kind erhält die Zuwendung, weil es davon so stark berührt ist, das andere mögen die Eltern, weil es das so lebenslustig-leicht wegstecken kann! Beide Kinder, so verschieden ihr Verhalten in diesem Beispiel sein mag, „treibt" vielleicht das gleiche Ziel: die Liebe der Mutter in dieser kritischen Zeit zu erhalten und ihrer sicher zu sein! So verschieden sind sich die beiden also gar nicht!

Kapitel 1 beliefert sie Sie mit Erfahrungswerten zu den einzelnen Geschwisterpositionen. Jedes Kind ist einmalig, entwickelt in seinem Lebensraum seine typische Art zu handeln, seinen Charakter. In diesem Kapitel betrachten wir die Entwicklung des Kindes in den ersten sechs Jahren: Wir schauen auf die individuelle Stellungnahme des Menschenkindes, seine Verarbeitung der unzähligen Eindrücke und seine typische Reaktion darauf. So gewinnen wir einen Eindruck davon, was Ihr Kind einzigartig und unverwechselbar macht. Wir entdecken dabei, daß die Tatsache, Geschwister zu haben (oder auch nicht), eine Bedeutung gewinnt, die wir nicht unterbewerten sollten: Erst dann werden wir uns selbst und das Verhalten unserer Kinder verstehen können.

Ich beschränke unsern Blick auf vier wichtige Merkmale der Entwicklung eines Kindes, ohne die wir die Eigenart unseres menschlichen Verhaltens nicht entdecken können: Kinder haben ihre eigene Logik – Kinder wollen anerkannt und gleichwertig sein –, Kinder verfolgen mit ihrem Verhalten stets bestimmte Ziele –, Kinder brauchen Ermutigung.

Merkmal: Kinder haben ihre eigene Logik!

Sabine (8): „Meine Mutter mag Günti (6) viel lieber als mich; deshalb gehorche ich ihr nicht und ärgere sie. Das geschieht ihr recht."

Das Menschenjunge ist unter anderem dazu begabt, das, was in seiner Umwelt und mit ihm geschieht, auf seine Weise zu verstehen und daraus Erfahrungen zu gewinnen, die es dann in ähnlichen Situationen nutzen kann. Es ist praktisch so, als schaffe sich das Kind aus eigener Kraft durch Experimentieren ein Grundgerüst wichtiger (selbstgemachter!) „Wahrheiten", die für das Kind und sein Zugehen auf die Welt und die Menschen notwendig sind. Wie muß man sich das vorstellen?

Ein Kleinkind erlebt zum Beispiel immer wieder: Wenn es „brav" ist, das Mündchen öffnet und ohne Widerstand schluckt, was Mama füttert, dann lächelt ihr Gesicht, es „gibt" Zärtlichkeit, angenehme Stimme, eine warme wohltuende Atmosphäre. Will das Kind nicht essen, preßt es die Lippen zusammen, dann reagiert dagegen die Mutter mit „unangenehmem" Gesichtsausdruck, rauher Stimme und manchmal grober Körperhaltung. Es lernt aus vielen ähnlichen Szenen etwas über die Menschen. Es ist so wie es diese Worte in etwa ausdrücken (das Kind macht es ohne Worte, es ist wie eine Art Gefühl): „Bin ich lieb bzw. folge ich, dann ist man freundlich, nett zu mir. Gehorche ich nicht, wird es unangenehm, dann mag man mich nicht."

Solche Erfahrungen sollen hier *Grundmeinungen* genannt werden, denn sie sind ganz persönlich (und freiwillig) geschaffen worden („Mein"-ung) und sie sind Basis (Grundstock) für weitere Wahrnehmungen. Solche Grundmeinungen helfen dem Kind, sich in der Welt zurechtzufinden: Die Grundmeinungen sind für das Kind Wahrheiten! Wie mit einer Brille blicken Kinder mit diesen Meinungen die Welt an!

a) Sie sehen nur noch *das,* was diesen Grundmeinungen nicht widerspricht!
b) Sie ordnen auf diese Weise die vielen Eindrücke, mit denen sie konfrontiert werden.

Was bedeutet dies? Beachten Sie das obige Beispiel. Das ist kein Ausspruch Sabines! Das ist eine Grundmeinung, die sich das Kind in den ersten sechs Lebensjahren im Erleben und in der Auseinandersetzung mit Mutter und Günti gebildet hat! Grundmeinungen sind Kindern oft auch nicht bewußt! Aber das Verhalten sieht so aus, *als ob* sie dies als Wahrheit betrachten. In der frühen Kindheit bilden Kinder eher gefühlsmäßig solche Gewißheiten, oft kennen sie ja die Worte noch nicht! Viele Grundmeinungen bzw. Grunderfahrungen, die Sie in diesem Buch lesen, sind also „Übersetzungen" in Sprache, Deutungen eines Vorganges, den wir nicht beweisen können! Seien Sie sich also bewußt, daß es Vermutungen sind. Grundmeinungen decken den gesamten Bereich des kindlichen Lebens ab. Wir bilden uns in den ersten sechs Jahren eine umfangreiche Sammlung. Sie beinhaltet „Wahrheiten" über

- sich selbst: eigene Fähigkeiten, Fertigkeiten, Eigenschaften („Ich kann gut zeichnen", „Ich bin Mutters einziger Halt.")
- andere Menschen: wichtige Personen, mit denen das Kind in Kontakt ist *(„Ich bin geliebt – Die andern sind freundlich – Der Bruder ist gemein.")*
- Umwelt: Bereiche, in denen das Kind handelt *(„Mit Bausteinen spielen ist toll. Es gibt viel Interessantes".)*
- Leben: über Aufgaben und Pflichten, die einem Menschen entstehen. *(„Schule ist für mich ein Ort des Mißerfolgs und unangenehmes Erlebnis.")*

Unsere Sabine sieht am Verhalten der Mutter nur noch das, was mit ihrer Grundmeinung übereinstimmt. A. Adler nennt dies „tendenziöse Wahrnehmung": Wenn Mutter nett zu ihr ist, beachtet sie dieses eigentlich erfreuliche Verhalten gar nicht, weil es nicht zu ihrer Sicht der Mutter paßt! Das kann für eine Mutter hart sein, aber auch eine Erklärung, warum sich Sabine nicht ändert: Das Mädchen sieht keinen Grund dazu!

Im Laufe seiner Kindheit geben die Eltern dem Kind weitere Wahrheiten, die ebenfalls wie Grundmeinungen die Wahrnehmung des Kindes bilden, nach dem Muster: Man darf nicht stehlen, Kinder achten ihre Eltern, während des Essens wird nicht ...; bei uns zu Hause ...; jeder muß seine Pflichten erfüllen, du putzt daher jeden Samstag deine Schuhe etc.

Betrachten Sie nun einige recht typischen Grundmeinungen zu den in Kapitel 1 zusammengestellten Geschwisterpositionen:

Häufige Grundmeinungen zu den Geschwisterpositionen

▶ ***Erstes:***

(1) Ich bin etwas Besonderes ... ich stehe im Mittelpunkt und will oder muß im Mittelpunkt stehen ... die Eltern gehören mir ... sie müssen meine Wünsche erfüllen ... und für mich da sein ... alles dreht sich um mich ... ich bin wichtig ...

(2) Ich bin geliebt, immer und zuverlässig ... es ist so schön ... miteinander was tun ist toll ...

▶ ***Ältestes:***

(1) Geschwisterchen nimmt mir die Mama weg ... Mama gibt mir nicht mehr, was mir zusteht ... ich weiß nicht mehr, ob mich meine Eltern noch mögen ... ich bin nicht in Ordnung ... Geschwisterchen zweifelt ständig an meiner Position, Person, Wert ... man bevorzugt Geschwisterchen ... wir sind auf unerklärliche Weise Freund und Feind, das verunsichert mich ...

(2) Ich bin stärker, klüger ... als Geschwisterchen ... man ist mit mir zufrieden ...

▶ ***Einzelkind – Nachzügler:***

(1) Andere haben etwas gegen mich, sie streiten nur, jeder muß zuerst auf sich schauen und sich wehren ... die andern beachten mich zu wenig ... ohne Mutter bin ich nicht ... ich muß für Mutter da sein ... Mutter will immer über mich bestimmen ...

(2) Ich bin begabt, klug, es gibt viel Interessantes auf dieser Welt ... das Leben ist spannend, die anderen können mir helfen und sind sehr anregend ... Ich weiß mir im Normalfall zu helfen; ich kann an vielem erkennen, daß ich Fortschritte erziele, auch wenn ich es alleine erledige ...

▶ ***Mittleres:***

(1) Mutter gibt mir nicht, was mir zusteht ... Mutter beschäftigt sich weniger mit mir ... sie mag mich nicht mehr (so stark) ... die Geschwister sind mir nicht freundlich gesinnt ... sie neh-

men mir die Mutter weg ... die beiden andern Geschwister gehören zusammen bzw. das Neue gehört dem Ältesten ... oft sind alle gegen mich, sowohl in der Familie als auch „draußen" ... die Welt ist nicht gut ...

(2) Man liebt mich so wie ich bin ... ich gehöre dazu ... wir halten zusammen, helfen einander ... auch ich kann helfen ... das freut dann wieder die anderen ... ich kann Fortschritte machen ... die anderen sind nett ... das Leben ist interessant ...

▶ ***Jüngstes:***

(1) Ich bin etwas Besonderes ... stehe im Mittelpunkt ... muß im Mittelpunkt stehen ... mein Wille soll den andern Befehl sein ... nicht alle anerkennen diese meine Bedeutung und Stellung, das ist gemein ... das lasse ich mir nicht gefallen ... die andern nehmen mir die Schwierigkeiten ab (das ist in Ordnung, weil ich etwas Besonderes bin ...) ... ich darf nichts alleine tun ...die Welt ist gefährlich, ohne Mama bin ich verloren ...

(2) Die andern können mir helfen, wenn ich mir selbst nicht mehr zu helfen weiß, denn Menschen helfen sich in Notlagen, auch ich kann andern helfen, dann freuen sie sich.

Bitte beachten Sie: (1) bedeutet: negative Grundmeinungen, (2): positiv gefärbte Grundmeinungen – Alle Grundmeinungen in diesem Buch sind Übersetzungen in unser Verständnis, ja Interpretationen, frei nach dem Leitmotiv: Es sieht so aus, *als ob* das Kind die Grundmeinung hätte. Sie sind offenbar nach dem Schwarz-Weiß-Prinzip gebaut, kennen keine Zwischenstufen, sind Verallgemeinerungen, ähnlich der Vor-Urteile. Viele Grundmeinungen passen, da ein Kind sie nach dem gleichen Strickmuster anfertigt, oft gut zusammen und verknüpfen sich zu größeren Einheiten. Viele Erfahrungen bestärken die Annahme, daß Grundmeinungen nach sechs Jahren (das ist aber individuell verschieden) so fest werden, daß sie vom Kind wie Wahrheiten empfunden werden. Denn das Kind braucht solche verläßliche Orientierungen. Diese Grundmeinungen nützen Ihnen, wenn Sie mit Graphik 1 (Seite 25) Problemverhalten Ihrer Kinder verstehen wollen!

Als ein junger Dackel zum ersten Mal ein Auto aufs Grundstück des Herrchen fahren sieht, sagt er zur Katze:

„Das da bellt aber seltsam!"

„Bellen?" lachte die Hauskatze erfahren, „das Auto bellt doch nicht!"

„Nein? – Was dann?" fragte das Hündchen neugierig.

„Was schon! Es miaut natürlich!" belehrte die Katze altklug.

„Und doch", setzte die Katze nachdenklich hinzu, „ich stimme dir bei, miauen tut es wirklich seltsam!"

(Nach einer Fabel von Manfred Bieler)

Merkmal: Die Kinder wollen anerkannt und gleichwertig sein

Tanja (9) erlebt sich von den Eltern immer wieder angenommen: Obwohl sie auch mal ihre Wut über irgend etwas zeigt, spürt sie, daß sie geliebt wird. Die Familie unternimmt regelmäßig etwas gemeinsam; sie weiß, daß sie für das Zusammenleben der Familie etwas beitragen muß: Sie versorgt den Müll, beteiligt sich am Geschirrversorgen ...

Beobachtungen und Erfahrungen bestätigen die Feststellung des Individualpsychologen *A. Adler:* Der Mensch ist von Natur aus ein soziales Wesen; er hat die Veranlagung, sein Leben befriedigend zu bewältigen, wenn er sich als Gleichwertiger erlebt und partnerschaftlich mit andern zusammenlebt und -arbeitet. Gelingt dies nicht, wird der Mensch früher, als den Eltern lieb ist, Probleme mit sich und dem Mitmensch erleiden, die Entwicklung des Kindes ist gefährdet! Die Fähigkeiten, ein Gemeinschaftswesen zu werden, sind nicht angeboren, sondern müssen von den Erziehenden bewußt gefördert werden: Zusammenarbeiten können, Teamfähigkeit, soziales Engagement für ein gerechtes Miteinander der Menschen (und Völker), Einsatz für den Lebensraum der Lebewesen; Gleichwertigkeit der Menschen, Völker, Lebensräume; Fähigkeit, sachangemessen das Notwendige zu tun, Einfühlungsfähigkeit (Freude, Angst, Liebe, Wut, Enttäuschung erleben und die bei anderen wahrnehmen); eigenen Fortschritt im Einklang mit dem Wohl des Ganzen vereinbaren; politisches Engagement für gerechte gesellschaftlich Verhältnisse. *A. Adler* faßt die Veranlagung und die genannten Fähigkeiten unter dem Sammelbegriff „Gemeinschaftsgefühl" zusammen. Ich benutze diesen Begriff ebenfalls, auch wenn ich weiß, daß er in unserer Umgangssprache nicht als Oberbegriff für die eben erwähnten Verhaltens- und Einstellungsweisen gilt. In Ermangelung eines wirklich besseren Ausdrucks bitte ich Sie, das Wort „Gemeinschaftsgefühl" im Sinne Alfred Adlers zu verstehen.

So können Sie das Gemeinschaftsgefühl fördern

■ Durch gleichbleibende Bezugspersonen, die auf zärtlichen, intensiven Körperkontakt mit dem Kind achten, fühlt sich das Kind geborgen; die Eltern reagieren auf jede Bewegung des Kindes hin zu seiner Umwelt positiv und sie freuen sich sichtbar (und auch körperlich) darüber; sie muten dem Kind zu, daß es „Probleme" lösen kann und lassen ihm dafür Zeit. Dadurch steigt die Lust auf ein sachlich-angemessenes, selbstbewußtes „Besitzergreifen" des sich allmählich erweiternden Lebensraumes; die Erziehenden erweisen sich als verläßliche Partner, die den Alltag des Kindes so gestalten, daß er ihm durch Regelmäßigkeit kalkulierbar wird: so kann es sich sicher und heimisch fühlen (gleiche Essens-, Ausgeh-, Schlaf-, Bade-, Spielzeiten).

■ Die Eltern fördern die Erlebnisfähigkeit (Gefühlswelt) durch mitschwingendes „Antwortverhalten": Es erlebt: Gefühle(haben) und sie zeigen (auch Wut, Angst, Ärger) ist in Ordnung.

■ Gewinnen Sie behutsam das Kind zur Mitarbeit in und für die Gemeinschaft. Das Kind erlebt, daß es für andere wertvoll ist: ein schönes Gefühl!

■ Die Erziehenden sorgen liebevoll und einfühlsam, aber zurückhaltend dafür, daß das Kind sein Zugehörigkeitsbedürfnis durch Kontakte zu verschiedenen Gruppen befriedigen kann; sie mischen sich nicht in die Gestaltung der Beziehung ein.

■ Förderung des Selbstwertgefühles der Kinder durch:

▶ dauerhafte, sichere, zärtliche Beziehung Eltern–Kind, die geprägt ist durch Einfühlung und gemeinschaftliches Zusammenleben auf der Basis der Gleichwertigkeit und Partnerschaft aller Familienmitglieder.

▶ Konsequentes, berechenbares Erziehungsverhalten, freundlich-fest.

▶ Ermutigung als Erziehungsprinzip

▶ Sachliche, vorwurfsfreie Auseinandersetzung mit Fehlern (Problemen): Was ist jetzt zu tun? Dazu gehört auch die Trennung der (negativen) Sache (z.B.: die verlorene Uhr) von der Person des Kindes (die in Ordnung ist).

▶ Eltern fragen sich: Wem gehört das Problem? Wer hat in dieser Situation welches Problem? → Susi (8) findet ihre Uhr nicht mehr! Sie nehmen dem Kind nicht aus Fürsorglichkeit oder Pflichterfüllung das Problem ab. Sie greifen nur ein, wenn sich das Kind aufgrund mangelnder körperlicher Reife oder geistiger Entwicklung überfordert fühlt. Ansonsten vertrauen Sie auf die (stets wachsenden) Selbsthilfekräfte und die Selbständigkeit des Kindes; Sie bieten sich als „Berater" an und geben, falls es das Kind erwünscht (die Entscheidungsfreiheit liegt beim Kind!), „Hilfe zur Selbsthilfe". Susi soll die Uhr selbst suchen! Mutter unterstützt die Tochter, in dem sie Susi gezielt Fragen stellt ...

▶ Gleichwertigkeit prägt auch die Geschlechtserziehung des Kindes; grundsätzlich gibt es keine weiblichen (männlichen) Stärken (Schwächen), sie sind gesellschaftlich vermittelt und eintrainiert: geben Sie deswegen Geschlechtsrollen-Inhalte und ihre unterschiedliche Bewertung auf und revidieren sie. (Klausi darf schlampiger sein als seine Schwester! Buben sind eben so!)

■ Bewußtes Fördern sozialer Tugenden

Rücksichtnahme, Mit-Leiden, Mitfreude, Zurückstecken und Sich-Durchsetzen-Können, nützliche Gespräche miteinander (nicht zueinander) führen, gewaltfreies Streiten und Konfliktelösen, Dankbarkeit, eigenen Bedürfnissen und Gefühlen (angemessen) Ausdruck geben; dies lernen Kinder am elterlichen Vorbild, dadurch können sie es auch selbst umsetzen.

Merkmal: Kinder verfolgen stets bestimmte Ziele

Martin (11): Er versteht seit einiger Zeit die Mathematik-Aufgaben nicht mehr; Vater sitzt nun regelmäßig nach Feierabend bei ihm; dann gibt es keine Probleme, er versteht sofort alles.

Um in Zukunft wirklich etwas ändern zu können, sollten wir uns folgende alltägliche Erfahrung nutzbar machen: Schauen Sie genau auf den Sinn unseres Handelns, so läßt sich beobachten: Es ist stets eine Bewegung von einem nicht so guten, ja sogar unbefriedigenden oder Leid erzeugenden Ist-Zustand zu einem Ziel, in dem sich der unangenehme Zustand wesentlich verbessert oder gar in einen erfreulichen Zustand verwandelt hat. Dieses „Muster" hat schon das Baby erlebt, das Hunger verspürte und ihn verschwinden lassen wollte. Und zu jenem Muster gehört auch die Grunderfahrung, daß es Methoden gibt, um das Ziel zu erreichen: das Weinen, das Schreien ... Im Laufe seiner Kindheit erlebt das Kind natürlich viele unbefriedigende Situationen; das folgt schon aus seiner Kleinheit, Unreife, und dem Vergleich mit jenen Menschen, die diese Mängel (anscheinend) nicht haben (Geschwister, Nachbarskinder, Eltern). Mangelgefühle erleben wir Erwachsene jeden Tag: Sie werden ausgelöst durch unerledigte, bevorstehende Aufgaben oder Pflichten bzw. Probleme, schwer erträglich empfundenen Situationen, Grundmeinungen über eigene körperliche Mängel bzw. mangelnde Fähigkeiten und mindere Eigenschaften. Das ist unvermeidbar!

Sie wissen jetzt, daß das Kind zur Bewältigung der vielen Eindrücke sich unbewußt Grundmeinungen schafft. In vielen Grundmeinungen verbirgt sich ein erlebtes Mangelgefühl, ein Minus: *Ich kann nicht so schnell sein wie ... ich bin nicht so gut ...* Weil wir aber, wie gezeigt, Mangelgefühle nicht lange ertragen können, treiben uns die Grundmeinungen nach vorn, weg vom Mangel, hin zu einem Plusgefühl, einem angenehmen Zustand. Neben den körperlichen Bedürfnissen sind zwei weitere Grundbedürfnisse wichtig:

▶ *Wir wollen etwas erreichen, etwas können:*
Der empfundene Mangel soll überwunden werden durch den Erwerb der dazu erforderlichen Kenntnisse, Fähigkeiten und Fertigkeiten. Immer wieder wird es nötig, auch Gutes zu verbessern, zu vervollkommnen, eben weitere Fortschritte zu erzielen.

Es sind aber Mängel und Minusgefühle zu beheben, die durch problematische Verhältnisse in Gruppen, Gemeinschaften und im Gemeinwesen deutlich wurden: Daher sind die Formen des Zusammenlebens in der Gesellschaft weiterzugestalten zum Ziel der – Gleichwertigkeit der Menschen und des partnerschaftlich ausgerichteten Miteinanders.

▶ *Wir wollen zu andern dazugehören:*
Ein weiteres Hauptbedürfnis des Menschen ist, zu anderen dazuzugehören. Viele Minusgefühle lassen ihn Einsamkeit, Kritik, feindliche Einstellungen anderer erleben. Machtvoll strebt der Mensch mit intaktem Selbstwertgefühl deshalb danach, Anerkennung, Achtung, Liebe zu erhalten; er will geschätzt sein, sich geborgen und sicher fühlen. Er will mit anderen – sich als gleichwertig fühlend – partnerschaftlich zusammenarbeiten. Ein friedliches Miteinander, individuelles Glück und freie Entfaltung sind weitere erstrebenswerte „Zustände".

▶ Es klingt zwar zunächst stark vereinfachend, trotzdem trifft es offenbar zu: Sobald Sie einem Problemverhalten Ihres Kindes begegnen, können Sie sicher sein, daß eines dieser Grundbedürfnisse des Problemkindes mißachtet ist (zumindest empfindet dies das Problemkind so.).

Natürlich erreichen wir nicht immer, was wir wollen, und oft wird uns der Mut zum entschlossenen Handeln genommen. Häufige negative Erfahrungen fließen auch in die Grundmeinungen ein. Je entmutigter ein Menschenkind ist, um so weniger traut es sich zu, sein Ziel tatsächlich zu erreichen. Weil es aber den schmerzhaften Mangelzustand nicht aushalten kann, strebt es einem Ersatz-Ziel zu, das ihm ein Schein-Gefühl von Können oder Dazugehören gibt.

Solche Ersatz-Ziele können nun sein:
Es traut sich nicht zu, Fortschritte zu erzielen, Wissen und Fertigkeiten zu mehren, von andern geschätzt zu sein; kleinmütig und selbstzweiflerisch, will der entmutigte Mensch

- nur noch den Mißerfolg vermeiden (der sich sowieso einstellt, denn *„ich bin nicht gut in Diktat“),*
- eine Sonderstellung (in einer bestimmten Gruppe) erreichen, so daß man nicht mehr vergleichbar wird *(„Als Allergiker kann ich eben nicht ...“)*
- in Ruhe gelassen sein (mit dem ist Hopfen und Malz verloren, da hilft nichts mehr ...) bzw.
- daß bestimmte Regeln für ihn nicht mehr gelten (Max braucht keine Diktat mehr mitzuschreiben, ... keine Verbesserungen anzufertigen ...).

Jetzt geht es den entmutigten Menschen darum, eine Machtposition zu erreichen, die ihnen erlaubt, bzw. gewährleistet

- den Ton, die Marschrichtung, die Normen anzugeben,
- daß keine Demütigung oder ein als Niederlage empfundenes „Ergebnis“ eintreten kann.

Typisch: Er will *besser sein als andere, ihnen überlegen sein.* Sie kennen das Muster ja: Der mit dem größten Mundwerk fühlt sich am unsichersten, der Angeber „hat es nötig“ (weil er sich eben gerade nicht gut einschätzt), der Großspurige ist der größte Angsthase ...

Um vom erwähnten Mangel zu dessen Überwindung zu gelangen, verwendet ein Mensch eher

▶ aktive Methoden (z.B. fleißig arbeiten, sich engagieren, reparieren, nachfragen, ...) oder (je nach Temperament oder erlebtem Erfolg) eher

▶ passive Methoden (schweigen, weinen, freundliche Mine machen, übersehen, nichtstun).

Beispiel:
Aktive Methode: Max will, daß sich Herr M. für ihn interessiert: Daher zeigt er ihm sein Buch, das er gerade zum Unterrichtsthema liest und fragt ihn etwas zum Inhalt. Herr M. unterhält sich darauf mit ihm.

Passive Methoden: Tino will, daß Herr M. sich für ihn interessiert; er schweigt längere Zeit, schaut aber aufmerksam dem Lehrer zu. Da fragt Herr M. Tino nach seiner Meinung zum Unterrichtsgegenstand. Tino ist zufrieden und redet ...

Doch die Methoden unterscheiden sich, ob sie von einem ermutigten, selbstbewußten Menschen verwendet werden und auf ein direktes Ziel (Können, Dazugehören) hinstreben oder von einem entmutigten Menschen, der ein Ersatzziel (Gelten, Sonderrolle) erreichen will:

▶ *Häufige Methoden zur direkten Überwindung des Mangels nennen wir sozialbezogen.*

Sie erfordern Gemeinschaftsgefühl. Selbstbewußte und ermutigte Menschen mit vielen positiv gefärbten Grundmeinungen benutzen sozialbezogene Methoden:

Fleißig sein, Interesse zeigen; neugierig auf positive Veränderungen bzw. Verbesserungen sein; sachbezogene Arbeitshaltung zeigen; erkennen, was (in der jeweiligen Situation) zu tun ist und dies sachangemessen und entschlossen durchführen; kontaktfreudig sein, mit anderen partnerschaftlich – sich gleichwertig fühlend und den andern als gleichwertig behandelnd – zusammenarbeiten und Rücksicht nehmen; aufgeschlossen und tolerant, konfliktbereit und -fähig, sein; sinnvolle Kompromisse schließen können; „Zivilcourage"; soziales Bewußtsein entwickeln; Sorge und Engagement für Mitmensch, Umwelt und Lebensraum; Risikobereitschaft; Einfühlungsfähigkeit; solidares Handeln und Denken, Geduld; Bereitschaft, sich notfalls auch helfen zu lassen ...

▶ *Methoden, mit denen wir ein Ersatz-Zieles erreichen, nennen wir ich-bezogene Methoden.*

Angeberei, Macho-Verhalten, rivalisieren, Situationen so „drehen", daß man entlastet bzw. entschuldigt ist oder der andere die Schuld trägt, alle „aktiven" Arten von Verzögerungstaktiken, Zeit gewinnen, Hinauszögern, wenn etwas verlangt wird oder unausweichlich erscheint, immer wieder die Mitmenschen auf teilweise sehr direkte oder verdeckte Art entwerten. Hilfe einfordern, einklagen, erzwingen, weil es einem zusteht, zahlreiche, oft sehr individuelle Verhaltensformen, um in Mittelpunkt, Vordergrund zu stehen (siehe auch Nahziel, Kapitel 7), sich oft herausgefordert fühlen, oft den Fehdehandschuh sehend und sich nicht gefallen lassen, kämpfen, zurückschlagen, Stärkster bzw. Bester sein ..., immer wieder anklagen, sich ungerecht behandelt, benachteiligt fühlen, Bösartigkeiten bei anderen erwarten, sie aufspüren wollen, sie beweisen; eigene Probleme, Schwierigkeiten werden völlig weggedeutet durch (privat-) logische Entschuldigungen, Spielverderber spielen, sich rächen.

Passive Form: Sich öfters grundsätzlich hilfsbedürftig zeigen , auch ratlos und hoffnungslos, sich von anderen oder vom Erledigen wichtiger Aufgeben zurückziehen, Forderungen bzw. mögliches Ansprechen durch andere aus dem Weg gehen; schmollen. Freundschaften, Beziehungen nur, wenn Überlegenheit bzw. eigene Position völlig unantastbar, unverrückbar, ungefährdet ist, daher Trend, sich lieber mit Tieren abzugeben; auch auf Hilfstätigkeit anderer nicht wirklich reagieren, höchstens mit Alibi-Handlungen (die beweisen sollen, daß Hopfen und Malz verloren ist und man ihn in Ruhe lassen sollte); Faulheit.

So gewinnen Sie Verständnis

Durch Erstellen einer Verhaltenskette dem Verständnis näher kommen: Beachten Sie dazu die Tips:

Tips zum Erstellen der Verhaltenskette:

1. Das Problemverhalten setzen Sie an Stelle 6 (Methoden).
2. Zu Stelle (1) Notieren Sie die „aktuelle Situation" in der das Kind sich so verhielt.
3. Zu Stelle (5): Fragen Sie sich nach denkbaren Zielen, die das Kind mit diesem Verhalten anstreben könnte. Unterscheiden Sie, falls möglich, zwischen vorder- (auf die jeweilige Situation bezogen) und tiefergründigem (allgemeinerem) Ziel. Denken Sie an einen Mangel (das „Unangenehme"), den das Kind überwinden will.
4. Zu Stelle (2): Vermuten Sie nach folgender Strategie: Das Verhalten sieht so aus, *als ob* das Kind meine bzw. davon überzeugt sei, daß ... „Erfinden" Sie mögliche Meinungen und formulieren Sie den Inhalt verallgemeinernd, so wie Vorurteile gebaut sind. Verwenden Sie nach Möglichkeit Wörter wie alle, immer, nie nicht, kein. Notieren Sie sich jene Meinung, die Ihnen am naheliegendsten dünkt! Bilden Sie kurze „Ich bin ... / Ich kann ... Sätze".

   Wenn Sie solche Sätze mit einem „deswegen" oder „damit", „um zu" fortsetzen, finden Sie (nochmals) Hinweise zum Zweck (5) oder zu den bevorzugten Methoden (6).
5. Zu Stelle (3): Welche Gefühle können durch die aufgelebten Grundmeinungen gleichzeitig aktiv werden?
6. Zu Stelle (4): Wie zeigt der Körper die Vorgänge in (3) und (4)? Beachten Sie Körpersprache, Beschwerden.

Modellhafter Ablauf des Verhaltens:	*Beispiel*
(1) Aktuelle Situation in der ein Minus erlebt wird –	*Supermarkt/ an der Kasse*
(2) Grundmeinungen werden aktiviert Durch die aktuelle Situation werden die in der frühen Kindheit erworbenen Verhaltensweisen „wach" und aktiv.	*„Ich bekomme nicht, was mir zusteht." („Ich werde nicht geliebt ...")*
(3) Grundgefühle werden ausgelöst, die den Menschen zu eindeutigem, zielbewußten Handeln drängen/bereit machen.	*Wut, Ärger*
(4) Körperreaktionen als Spiegel/Ausdruck der aktuellen Befindlichkeit der Menschen.	*Wein-Krämpfe, Spannung, Beklemmungen*
(5) Ziel setzen/anstreben Es ist unbewußt, wird von 2 „ausgelöst", um das in 1 erlebte Minus überwunden zu haben.	*Zuwendung, Aufmerksamkeit, (mich durchsetzen)*
(6) Einsatz geeigneter Methoden, um das (unbewußte Ziel zu erreichen. +	*Sandra schreit und tobt an der Kasse, weil sie einen Schokoriegel will, wirft sich auf den Boden.*

Graphik 1

Merkmal: Kinder brauchen Ermutigung

Silkes Lehrerin (nach einer Umschulung von Gymnasium auf Realschule): Seit das Mädchen erlebt, daß es nicht schlechter ist als seine Klassenkameraden, blüht es auf. Silke meldet sich ab und zu, und ich benenne ihr genau ihre Fortschritte. Nun interessieren sich auch die Klassenkameraden, und Silke findet schnell Anschluß.

Durch die Eigenart des Menschen, stets etwas als verbesserbar, ungünstig und unbefriedigend zu bewerten (Minus) und sich entsprechend unzufrieden zu fühlen, ist er stets *getrieben*, etwas dagegen zu unternehmen! Doch wir sind so anfällig! Ohne ein stabiles Gemeinschaftsgefühl fehlt uns Zuversicht, und wir fühlen uns zu schnell mutlos. Es ist eine Binsenwahrheit, daß wir in einer oft gnadenlosen Entmutigungsgesellschaft leben, die fehlerorientiert die Menschen miteinander vergleicht und bewertet, die Konkurrenz höher schätzt als das Wohlfühlen und die individuelle Entwicklung; eine Gesellschaft, die ein Geschlecht, also die Hälfte der Bevölkerung (!) niedriger bewertet, und sie nötigt so zu leben und zu denken. Wir sind also stets einer Fülle von Entmutigungen ausgesetzt. Wir brauchen ein gutes Selbstwertgefühl, positive Meinungen über uns selbst und andere. Das bedeutet:

– Wir müssen unserem Kind eine ermutigende Familienatmosphäre bieten (damit es sich positive Grundmeinungen schaffen kann). Wir sorgen uns auch darum, daß wir selbst nicht durch die verschiedensten Vorfälle in Beruf, Familie, Gesellschaft so entmutigt werden, daß uns das Ermutigen nicht mehr gelingt. Ermutigung ist das Herz der Erziehung. Sie sind ein gutes Stück vorwärts gekommen, wenn Sie die nachstehenden „Voraussetzungen für die Ermutigung" beherzigen. Im Schlußkapitel finden Sie Impulse für Ihr persönliches Ermutigen in Ihrer Familie.

Voraussetzungen für die Ermutigung: Ermutigen gelingt Ihnen, wenn ...
... Sie davon überzeugt sind, daß partnerschaftliches Zusammenleben jene Geborgenheit bietet, die ein Mensch zu seiner Entfaltung braucht. Denn Partnerschaft ist für Sie der Garant für gegenseitige Wertschätzung, zurückhaltende Hilfsbereitschaft, Geduld und Gerechtigkeit.
... Sie das Kind verstehen können, weil Sie eine Vorstellung seiner Grundmeinungen haben und wissen, daß auch Problemverhalten in den Augen des Kindes eine sinnvolle Methode ist, ein Mangelgefühl zu vertreiben!
... Sie bejahen, daß jedes Kind eine grundlegende Kraft besitzt, in ermutigender Atmosphäre sich selbst ändern zu können.
... Sie hinter jedem Problemverhalten den entmutigten Menschen sehen und daher Ausschau halten nach möglichen Entmutigungsquellen.
... Sie Ihre bisherigen Erfahrungen auf den Nenner bringen können: Kinder ändern sich, wenn Ermutigung sich positiv auf die Grundmeinungen des Kindes auswirkt.
... Sie akzeptieren können: Anspornende Konkurrenz, Vergleiche und Leistungsdruck stärken auf Dauer nicht das Selbstvertrauen eines Menschen.

Eltern stellen die Weichen ... durch ihren Erziehungsstil

Es liegt nahe, daß die Art und Weise, wie die Eltern mit ihren Kindern bzw. mit sich untereinander umgehen, wie ein Vorbild oder Muster dafür wirkt, auf welche Weise die Geschwister miteinander umgehen: wie sie miteinander reden, wie sie Konflikte austragen. Das heißt, der Erziehungsstil der Eltern färbt auch die Qualität der Geschwisterbeziehung. Grob gesehen können die verschiedenen Stile in partnerschaftliche und nichtpartnerschaftliche unterschieden werden. Sicher kennen Sie Härte und Strenge, Laissez-faire, Verzärtelung, allesamt nichtpartnerschaftliche Stile. Im Alltag gibt es nur Mischformen. Wie schätzen Sie Ihren Stil ein? Testen Sie sich doch mal. Mit welcher der fünf Aussagen stimmen Sie am ehesten überein?

A

Kinder sind kleine unzivilisierte „Wilde"; gelingt es, sie zu zivilisieren, dann können sich diese Kinder gut entwickeln. In den Problemen, Unarten, Eigenwillen zeigt sich das Aufflackern des „Wilden". Strafen und Verbote lassen dieses Verhalten „verschwinden". Doch sicher vor dem Instinkt- und Triebhaften ist man nie; es ist falsch, auf kindliche Bedürfnisse zu sehr Rücksicht zu nehmen oder das Kind verstehen zu wollen; eine starke, gutartige Hand ist im Interesse einer positiven Entwicklung der Kinder. Eltern können den Werdegang ihres Kindes entscheidend lenken. Nachgeben und Gefühle zeigen ist Schwäche …

B

Das Kind spürt schon selbst, was für es gut ist; als Erziehender muß ich auch auf mich schauen, meine Bedürfnisse sind wichtig, das Kind kann seine Bedürfnisse schon selbst befriedigen; ich will nicht der Hüter bzw. Beherrscher meines Kindes sein; mit der sogenannten Erziehung schadet man meist mehr, als man dem Kind nützt …

C

Mein Kind braucht mich, ich habe es in der Hand, ob es sich gut entwickelt; ich bin für es verantwortlich; es ist etwas Besonderes; es soll ihm an möglichst wenig fehlen. Optimale Förderung ist, das Kind zu respektieren und ihm umfassende Hilfe bei Sachproblemen, Konflikten, zukommen zu lassen. Das Versagen des Kindes ist (auch) mein Versagen. Mein Kind muß glücklich werden.

D

Wir wollen dem Kind helfen, vorwärts zu kommen und glücklich zu werden. Sicher braucht es eine starke Hand, aber auch Vertrauen, Ermutigung und Geborgenheit; Eltern, die sich viel mit dem Kind abgeben, mit ihm spielen; bei Problemen ist es schwer, richtig zu handeln. Ich bin mir nicht sicher, ob man mit Verstehen und Sprechen, mit Ermutigen wirklich etwas Positives bewirkt. Ohne Strafen wird es selten gehen. Und das mit der Gleichwertigkeit ist auch nicht so klar. Schließlich wissen wir Erwachsene oft besser, was für das Kind richtig ist; ich bin sehr an Fragen der Erziehung interessiert, Fachbücher, viele Ratgeber in der Bekanntschaft ...

E

Überzeugung: Kind kann sich in annehmender Umgebung bei Problemsituationen selbst helfen; das Kind ist in Ordnung, nur sein (Problem-)Verhalten nicht, weil es sich und andere aufgrund ichbezogener Wahrnehmung zu schlecht einschätzt. Die Eltern bringen sich als Gesamtpersönlichkeit ins Erziehungsgeschehen ein: Zeigen und Bejahen der Gefühle; Körperbewußtsein; jedes Problemverhalten stammt aus Entmutigung, Ermutigung ist der Schlüssel für gesunde Entwicklung und befriedigendes Leben ...

Der kleine Johannes meinte es mit seinem Zwergkaninchen besonders gut. Persönlich kaufte er ihm fingerlange, steinharte Kräcker, die besonders gut für die Nagerzähne und die Vitamin- und Mineralienversorgung seien. Er schob eine Stange dem Hasen in das Maul, was dem Tier nicht gefiel, es wehrte sich, und so ließ der tierliebe Junge vom Hasen ab. Tags darauf versuchte das um die Gesundheit des Tieres besorgte Kind, dem Hasen den Kräcker noch einmal zwischen die Nagerzähne zu stecken.

„Friß, dann bleibst du gesund."

Vergebens. Der Hase weigerte sich. Ratlos ließ Johannes vom Tier und ließ die gesunde Köstlichkeit liegen. Wenig später sah das verwunderte Kind, wie der Hase eifrig am Kräcker nagte. Der Hase lehnte nicht die Kräcker ab, sondern nur die Art der Verabreichung.

Es ist nicht immer stilvoll ...

Welche Form bevorzuge ich? Bei welchen Kennbuchstaben finden Sie die meisten Übereinstimmungen? – Haben Sie sich festgelegt? Es wäre gut, dies nicht zu verschieben, da Sie dadurch gezielter lesen könnten. Sicher haben Sie es bemerkt: A: Härte und Strenge, B: Das Kind machen lassen („Laissez-faire"), C: Verzärtelung, D: Inkonsequenz, E: Partnerschaflicher Stil.

So könnte sich der Erziehungsstil auf die Beziehung der Geschwister auswirken:

▶ Wenn der *autoritäre Anteil* (A) überwiegt:
Im geschwisterlichen Miteinander wird das erste Kind gegenüber seinen jüngeren Geschwistern vermutlich jene Beziehung nachgestalten, die es von den Bezugspersonen kennt. Das jüngere wird angesichts des Abstandes seiner körperlichen und geistigen Reife wohl oft nur mit passiven Methoden reagieren. Das allerdings erst, nachdem es gelernt hat, daß es mit aktiven Methoden chancenlos ist. Denkbar ist, daß jüngere Kinder die Mutter als Schwächere erkennen und ihr gegenüber aktive Methoden anwenden. Gegenüber der als stärker in der Familienhierarchie erlebten Bezugsperson reagieren sie mit passiven Methoden. Wenn Eltern miteinander autoritär umgehen (in ungleichwertiger Beziehung stehen), wird das Kind, diesem Muster folgend, zu andern Kinder sich ähnlich (autoritär) verhalten.

▶ Wenn der Laissez-faire-Anteil (B) überwiegt:
Die Geschwister fühlen sich ungeborgen und „eher nicht angenommen", denn klare Signale und handfeste „Liebesbeweise" durch Erziehende fehlen meist; sie geraten häufiger in Konflikte mit den Normen der Gesellschaft oder anderer Menschen, die sich darüber aufregen, was sich diese „ungezogenen" Kinder herausnehmen; sie kennen kaum Grenzen und akzeptieren solche auch nicht so ohne weiteres. Die Geschwister werden sich wahrscheinlich bald als Gruppe erleben und im Gegensatz zur Erwachsenengruppe (in der Familie) verstehen.

Jüngere könnten sich an ältere Geschwister hängen; hier sind enge Abhängigkeiten denkbar; es kommt auf das Maß von gemeinschaftlichem Verhalten an, d.h. auf den Grad des Gemeinschaftsgefühles, die jedes einzelne Kind außerhalb (!) der Familie erwerben kann (im Kindergarten, von sonstigen Bezugspersonen, in Schule, Jugendgruppen), wie „warm" es seine Beziehung – trotz der Eltern – gestalten kann. Da sie aber die Mitmenschen oft eher ablehnen, kennzeichnen Grundeinstellungen wie „Wir gegen den Rest der Welt" viele solcher Geschwisterbeziehungen. Gemeinsam ecken sie an, aber sie sind selten partnerschaftlich oder solidar zueinander, sie fühlen sich in einem Boot, in stürmischer See, allerdings wie der Kapitän und der Matrose: sie sind ungleiche Partner, eine Befehlen-Gehorchen-Beziehung unterstreicht das; sie empfinden sich aber beide oft als schwach und unfähig, versuchen das aber mit verschiedenen Methoden zu überwinden. Als „Kampfgefährten" in symbiotischer Beziehung wird dies verstärkt, weil ja jeder seine (vermeintliche) Stärken dem anderen zur Verfügung stellt, um damit seine Schwachpunkte auszugleichen.

▶ Wenn der verzärtelnde Anteil überwiegt:
Verwöhnen schafft Hilfsbedürfnisse beim Verwöhnten und das oft demütigende Gefühl, recht wenig selbst zu können (oder zu „taugen") ohne starken Helfer. Unter den Geschwistern entwickelt sich in solchen Familien oft auch die Beziehung Verwöhner(in)–Verwöhnte(r); auffallend häufig ist dies gleichbedeutend mit Älter(r)–Jüngere(r). Dem ältesten Kind, optimal gefördert und recht leistungsorientiert („unser Stolz"/"die Zuverlässigkeit in Person") und erfolgreich, wird das Leben versüßt, damit es so weiter machen kann ... dem jüngsten werden, da es doch so zart, lieb, klein ist („Nesthäkchen", „Baby", „Sonnenschein"), Schwierigkeiten aus dem Weg geräumt.

▶ Wenn die Anteile so stark gemischt sind, daß der Eindruck der Inkonsequenz überwiegt:
Im Familienleben wirkt der dauernde Methodenwechsel ungünstig: die Kinder werden erleben, daß das, was gestern noch galt,

heute nicht mehr zutrifft und morgen eine schwere Strafe nach sich zieht. Was ist denn jetzt los!? Verunsicherung! Ungeborgenheit! Keine klaren Grenzen und Orientierung, das ist schlimm. Die Kinder fühlen sich der Willkür der Eltern ausgeliefert, erleben aber auch, daß es Tage gibt, an denen sie durch Kampf und Trotz ihren Willen durchsetzen können.

Für Geschwister in einer Familie, in der es „drunter und drüber" geht, wo jeder (Nachbarin, Freundin, Arbeitskollege, Tante Berta von der Frauenzeitschrift, Mutter, Fachbücher, und ...) seinen Ratschlags-Senf abliefern darf, da verdirbt die sprichwörtliche Köche-Armee den Erziehungsbrei! Natürlich wehren sich die Kinder, Streit und Mißgunst sind keine guten Hausgenossen!

▶ Wenn der partnerschaftliche Stil überwiegt, sind die Kinder relativ selbstbewußt und seelisch stabil. Da auch dieser Stil nicht in Reinform vorkommt, trifft auch manchmal das zu, was Sie gerade zu „Inkonsequenz" lesen konnten.

Eltern stellen die Weichen ... durch ihre ganz persönliche Eigenart, ihr Kind zu erleben

„Begreif doch Bub! Die Rechenaufgabe ist doch nicht schwer! Gestern hast du's doch noch gekonnt! Erst mußt du zusammenfassen und dann auf beiden Seiten der Gleichung dieselbe Operation durchführen!" Verzweifelter Vater-Blick auf den vor ihm auf seinem Heft fast zusammengesunkenen Sohn.

Wieso kann sich mein Papa wegen den blöden Matheaufgaben so aufregen, sich so unter Druck setzen! Das macht mir ja richtig angst! Der zweifelt an mir! Gleich beschimpft er mich wieder! „Schau doch nicht so ...als ob du nichts begreifst! So dumm kannst du doch nicht sein ...!"

Warum fordern so viele Eltern manchmal zu viel von ihren Kindern, warum bevorzugen sie (unabsichtlich) das eine oder vernachlässigen das andere. Solche Entmutigungen sind häufiger, als viele für möglich halten. Oft geschehen sie unerkannt und völlig unabsichtlich. Die Psychoanalyse *(H. E. Richter)* hat folgende Möglichkeiten genannt, die allesamt zu Entmutigungsquellen „erkennbar an „→") werden können und sich oft sehr ungünstig auf das geschwisterliche Zusammenleben auswirken. Schauen Sie beim Durchlesen der Abschnitte, ob Sie aus Ihrer Bekannt- oder Verwandtschaft jemand kennen, bei dessen Familie der eine oder andere Punkt zutrifft. Es liegt in der Natur der Sache (die Vorgänge sind meist unbewußt), daß Sie nur schwerlich in der eigenen Familie erkennen können, ob eine der Möglichkeiten zutrifft.

(1) Manchmal erwartet ein Elternteil vom Kind* etwas, was er in seiner Kindheit von seinen Eltern erhoffte: Sich (damals) ungeliebt Fühlende erwarten nun die besondere Liebe von einem ihrer Kinder.
→ So würde sich erklären, warum ein Elternteil Liebe bzw. Nähe des Kindes* erwartet.
→ Das Kind* fühlt sich geklammert, bedrängt, gegängelt, es erlebt die Folgen der Unselbständigkeit, Verwöhnung ... viele Ich-kann-nicht-Grundmeinungen sind möglich (die entstehen oder verstärkt werden) ...

(2) Manchmal fühlt ein Elternteil gegenüber dem Kind* das gleiche wie damals gegenüber Mutter oder Vater: (unterdrückte) Wut auf Eltern(-teil) macht sich nun sichtbar durch (unverstandene, rätselhafte) Wut auf eines der Kinder.
→ So würde sich erklären, warum Mama (Papa) ein Kind bevorzugt oder besonders liebt bzw. benachteiligt und ablehnt („Sündenbock").
→ Starkes Gefühl, abgelehnt zu sein, feindliche Welt, Ungeborgensein.

(3) Wenn ein Kind* sich weigert, zu gehorchen, erleben das manche Erziehende mit den gleichen Gefühlen, wie sie damals die Strenge und Härte ihrer Eltern erlebt haben. Sie reagieren dann gleich *wie damals:* mit Anpassung, Unterwerfung oder Widerstand!

→ So würde sich erklären, warum Mama oder Papa einem Kind alles durchgehen läßt bzw. überhaupt einen recht „laschen" Erziehungsstil bevorzugt.
→ Machtgefühl: *Mama/Papa gehört mir, er/sie muß für mich ... weigert er/sie, sich dann habe ich das Recht zu fordern ... Mama/Papa gibt mir nicht, was mir zusteht ...*

Vielleicht wird deshalb auch ein Kind besonders streng behandelt bzw. überhaupt ein autoritärer Erziehungsstil „gepflegt".
→ Gefühl ungeliebt zu sein, abgelehnt zu werden, alle sind mir feindlich gesinnt ...

(4) Manchmal drängt ein Elternteil gefühlsmäßig und unabsichtlich einem Kind* die Rolle des Ersatz-Partners auf. Gründe: Der Partner fehlt oder kann Bedürfnisse nach Wärme, Nähe, Verständnis, Zärtlichkeit, Umwerben nicht erfüllen.
→ So würde sich erklären, wieso ein Elternteil und ein Kind (meist gegengeschlechtlich) sich besonders gut verstehen bzw. ein Elternteil das Kind „krallt", verwöhnt, deutlich bevorzugt.
→ *Mein Wunsch ist Mama (Papa) Befehl, ich habe Anspruch darauf, daß mir geholfen wird ... ich bin nichts, ich versage ohne einen Helfer ...*

(5) Manchmal erlebt ein Elternteil sein Kind* genau so wie eines seiner Geschwister! (Merkmale des Miteinanders: Rivalität, starke Verbundenheit, Abnehmen von Unangenehmem, fordern von Diensten, „Fertigmach"-Techniken ...).
→ So würde sich erklären, wieso der betreffende Elternteil und ausgerechnet Sandra sich immer wieder aneinander reiben, streiten bzw. es besonders gut miteinander können.
→ *Papa (Mama) mag mich nicht, haßt mich (ich werde deutlich benachteiligt gegenüber meinem Geschwister) ... Papa (Mama) liebt mich (mehr als mein Geschwister, ich werde bevorzugt), deshalb habe ich das Recht, von Papa (Mama) zu verlangen, daß ...*

(6) Ein Elternteil sieht sich plötzlich „irgendwie" in seinem Kind wieder. Motto: So wie ich bin, soll mein Kind sein: Mein Kind* als mein Abbild.

→ So würde sich erklären, warum ein Kind besonderes beachtet oder gefördert wird, gestriezt und mit besonderen Erwartungen bedacht wird (die das Kind belasten oder Zündstoff in die Geschwisterbeziehung bringen können).

Immer ich! Warum muß ich immer das Unangenehme machen, warum muß ich durchhalten, stark sein ... dabei genüge ich doch den Ansprüchen gar nicht ...

(7) Ein Elternteil „erkennt" seine eigenen Stärken, Begabungen und Qualitäten in seinem Kind* wieder bzw. das, was er am liebsten noch besser entwickelt hätte bzw. (beruflich) geworden wäre.
→ So würde sich besonderer Ehrgeiz des betreffenden Elternteils bezüglich der Schulbildung (oder eines anderen Bereichs, z.B. Sport, Musik) eines Kindes erklären.
→ *Ich bin total überfordert ... Ich werde versagen ... Ich kann den Ansprüchen, Wünschen meines Vaters bzw. meiner Mutter nicht entsprechen ... Ich werde anders behandelt als mein Geschwister, werde benachteiligt, nicht für voll genommen ...*

(8) Ein Elternteil entdeckt seine eigene Schwächen und Fehler in seinem Kind wieder und unterstellt ihm oft „Übles", was er eigentlich bei sich selbst fühlt: Ein Vater, der sich als Lügner fühlt, „sieht" auch sein Kind öfters lügen (er achtet besonders penibel darauf, redet besonders viel über das Lügen ...).
→ So würde der Grund deutlich, warum manche Eltern ausgerechnet einem Kind* „Unschönes" unterstellen bzw. im voraus erwarten, darüber reden und im voraus das Kind überhaupt erst „ in betreffende Richtung" lenken!

---

* Es gibt keine Gesetzmäßigkeiten, auf welches Kind Eltern besonders gern ihre Gefühle übertragen. Sympathisches oder besonders abzulehnendes Verhalten, Ähnlichkeiten im Verhalten oder Aussehen, das Geschlecht des Kindes könnten für die Wahl den Kindes, auf das Gefühle übertragen werden, auschlaggebend sein. Es ist eine persönliche Wahl eines Elternteils. Der andere Elternteil kann daher aus diesen Gründen ein anderes Kind auswählen. Daraus ergeben sich selbstverständlich für die Beziehung der Eltern und für das Familiengeschehen jene Folgen, die hier angedeutet wurden.

→ *Ich bin böse („irgendwie") schlecht ... Ich werde nicht geliebt ... Ich kann es Mutter (Vater) nicht recht machen, weil ich (dumm bin, ungeschickt) ... Ich werde anders behandelt als mein Geschwister, werde benachteiligt, nicht für voll genommen ...*

Kapitel 3:
Wie Geschwister miterziehen

Die Reihenfolge der Geschwister verursacht sicher Unterschiede unter den Geschwistern. Kapitel 1 listet einige sehr häufige auf. Doch wir dürfen keine Schablone ansetzen und sagen: Alle Erste sind so ...; Kapitel 2 läßt dies nicht zu, denn dort sind viele Fakten beschrieben, die Ihr Kind eigen-artig machen. Und in diesem Kapitel sind noch weitere wichtige Einflüsse versammelt, die auf die Entwicklung eines Kindes einwirken:

- Ob ein Ältester so wird wie in Kapitel 1 beschrieben, hängt zusätzlich auch davon ab, wie die Geschwister sich (gegenseitig) *bewerten* und damit (möglicherweise) entmutigen!
- An den Geschwistern (ist es eine Schwester, ein Bruder, oder sind es zwei, ...?) liegt es, welche *Methoden* (Strategien und Tricks) wir entwickeln, um uns durchzusetzen!
- Daß ein Mittleres sich nicht typisch entwickelt, dafür sorgen die Geschwister auch, indem Sie sich Bereiche (Vorlieben, Interessensgebiete, Freundeskreise, Hobbys, Geschmack) streitig machen und „wegnehmen". Sie werden sehen, wie stark sich Geschwister aneinander *orientieren* und so Entwicklungsmöglichkeiten verhindern und Begabungen brach liegen lassen!
- Und schließlich bestimmen auch die verschiedenen Rollen, die den einzelnen Geschwistern „zufallen" (Clown, Professor, Baby ...), ein bißchen den Weg, den die einzelnen Kinder einschlagen.

Wir hängen aneinander: Beziehung zieht und zerrt ...

Familie läßt sich bekanntlich auch als ein System verstehen, in dem alle Mitglieder miteinander verbunden sind. Jeder pflegt mit jedem eine spezielle Beziehung, die wiederum davon abhängt,

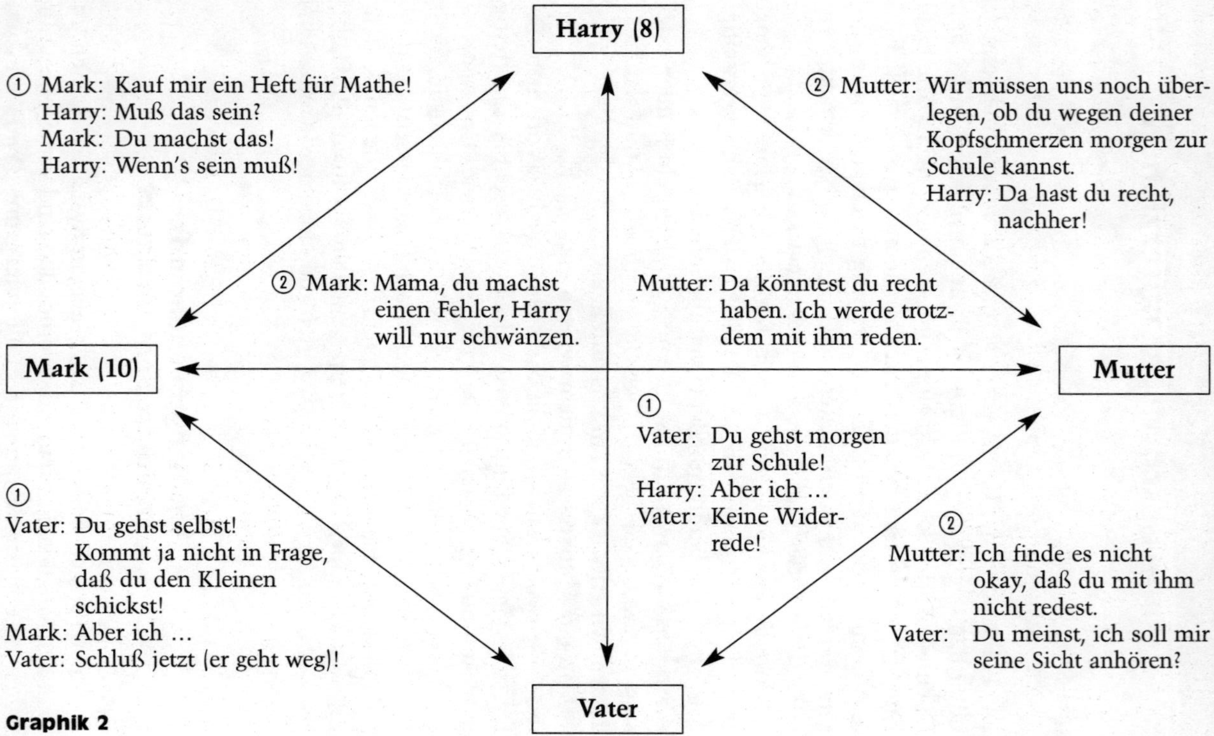
Harry (8)
Mark (10)
Mutter
Vater
① Mark: Kauf mir ein Heft für Mathe!
Harry: Muß das sein?
Mark: Du machst das!
Harry: Wenn's sein muß!
② Mutter: Wir müssen uns noch überlegen, ob du wegen deiner Kopfschmerzen morgen zur Schule kannst.
Harry: Da hast du recht, nachher!
② Mark: Mama, du machst einen Fehler, Harry will nur schwänzen.
Mutter: Da könntest du recht haben. Ich werde trotzdem mit ihm reden.
① Vater: Du gehst morgen zur Schule!
Harry: Aber ich …
Vater: Keine Widerrede!
① Vater: Du gehst selbst! Kommt ja nicht in Frage, daß du den Kleinen schickst!
Mark: Aber ich …
Vater: Schluß jetzt (er geht weg)!
② Mutter: Ich finde es nicht okay, daß du mit ihm nicht redest.
Vater: Du meinst, ich soll mir seine Sicht anhören?

Graphik 2

wie die übrigen Personen ihre Beziehungen zueinander gestalten. Ein Beispiel wird Ihnen zeigen, daß es auch in Ihrer Familie so „funktioniert": Innerhalb einer Stunde am Abend äußern sich die vier Familienmitglieder der Familie W. zu wichtigen Entscheidungsfragen.

Fachleute unterscheiden mehrere Arten von Beziehungen. Im Beispiel (Graphik 2) erkennen Sie durch die Zahlen zwei grundsätzlich verschiedene Arten.

1. Die beiden Beziehungspartner (z.B. Harry und Mark) sind nicht auf gleicher Stufe. Der eine befiehlt (z.B. Mark oder Vater) der andere gehorcht (z.B. Harry oder auch Mark). Die Partner fühlen die Ungleichheit und akzeptieren sie (stillschweigend). Für die frühe Phase, in der Kinder sich ihre Grundmeinungen bilden, ist das durchaus bedeutsam: Meinungen wie „Ich bin meinem Bruder unterlegen ..." – „Ich bin nicht in Ordnung ..." oder „Ich bin nur was wert, wenn ich gehorche ..." können (!) bleibende Folgen für das Selbstwertgefühl jenes Kindes haben, das sich als der Schwächere, Unterlegene einer Beziehung fühlt!

   Diese Beziehung auf ungleicher Stufe (= „komplementäre" Beziehung) verteilt nach dem gleichen Muster des Oben und Untens die Rollen: fragen – antworten, lehren – lernen, sprechen – zuhören, anordnen – gehorchen, vormachen – nachmachen/bewundern, loben – tadeln ...
2. Die Mutter pflegt zu allen drei Familienmitgliedern eine Beziehung, die den andern wertschätzt: Sie hört zu, ist am andern, an seinen Wünschen, Gedanken, Gefühlen, interessiert. In dieser Beziehung können sich beide als gleichwertig fühlen und Kinder auch ihre Eltern kritisieren. Sie kennzeichnen (wenn das gesamte Beziehungsgeflecht der Familie so funktioniert) die partnerschaftliche Geschwister- und Familienbeziehung (= symmetrische Beziehung).

3. Der vollständigkeitshalber, aber nicht in Graphik 2 enthalten: Die verdeckt-ungleiche Beziehung („metakomplementäre" Beziehung): Das ist ein Beziehungstyp, der so aussieht, als wären die beiden Partner gleichwertig; in Wirklichkeit, schaut man richtig hin, hat dann doch nur einer das Sagen, die Beziehungspartner fühlen sich nicht auf gleicher Stufe. Das wäre der Fall, wenn Mark zu Harry sagen würde: Du kannst selber entscheiden, ob du mir das Heft jetzt oder erst nach dem Essen holst ...

Auch Chefs und Vorgesetzte erlauben einem manchmal, frei und eigenständig zu entscheiden ...

Gleich – ungleich?

Betrachten Sie das Geschehen Ihrer eigenen Familie. Welche der drei genannten Beziehungsarten gibt es bei Ihnen? Zeichnen Sie doch mal die Graphik 2 für Ihre Familie nach! Zur Festlegung helfen Ihnen folgende Leitfragen:

– Gleichwertige Beziehung: Kann jeder von beiden dem andern das gleiche Verhalten (fragen, befehlen, gehorchen, anordnen, ...) entgegenbringen, fühlen sie sich gleich-wertig?

– Ungleichwertige Beziehung: Zeigen die Partner gegensätzliche, aber zusammenpassende Verhaltensweisen (fragen–antworten, befehlen–gehorchen, vormachen–nachmachen, ...)?

– „Unecht-gleiche" Beziehung: Gibt es in der Beziehung der beiden oft mal Erlaubnis, so zu sein, als seien sie gleich(-berechtigt, -wertig)? Entscheiden Sie nicht zu schnell, belegen Sie Ihre Vermutungen stets mit lebendigen Beispielen. Wenn Sie zu dieser Betrachtung Ihren Partner dazubitten, kann daraus ein spannendes Ereignis werden, das auch Ihrer Beziehung nützen kann!

Bruder und Schwester wissen genau, was sie voneinander halten

„Du bist doch dumm ..." – „Dafür hast du keine Begabung!" – „Du Lahmarsch!" – „Rechnen ist wohl nicht für dich erfunden worden!" – „Wenn du dich unbedingt blamieren willst, dann ..."

Viele Kinder hören in ihrer Familie von klein auf tagaus tagein solche Sätze, sie wachsen praktisch damit auf: es ist eben so. Die Auswahl ist einseitig, es gehören noch die positiven dazu, die es ja Gott sei Dank auch gibt. Fachleute nennen solche Sätze Du-Botschaften; sie geben Auskunft über die Art der Beziehung (gleichwertig, ungleichwertig, siehe oben). Aber sie legen den andern auch fest, bewerten ihn, stempeln ihn ab. Zumindest wirken häufig geäußerte, inhaltlich immer ähnliche Du-Botschaften so bei Kindern in den ersten sechs Jahren; sie entmutigen und begünstigen dann auch die Bildung negativer Grundmeinungen. Doch zum Glück muß dies nicht automatisch so sein. Du-Botschaften können deutlich wahrnehmbar wie ein Etikett angeklebt werden: „Du bist ein unangenehmer Schmeichler, ein Kriecher!" – Manchmal sind sie aber auch nicht leicht erkennbar, sie verstecken sich „zwischen den Zeilen": „Man kennt ja seine Pappenheimer ..."

Geschwister bewerten sich aber nicht nur mit Worten, sondern auch durch

- Gestik (denken Sie daran, wie mit „Hand und Fuß" oft Abwertung signalisiert werden kann)
- Mimik (vieles läßt sich durch den Gesichtsausdruck zeigen oder die hochgezogenen Augen
- Stimmlage: „Der Ton macht die Musik", in diesem Fall die Bewertung des Geschwisters. Es sei daran erinnert: Es ist unwesentlich, ob die „Sender" diese Wirkung *beabsichtigen!* Entscheidend ist, wie der Empfänger dies erlebt!

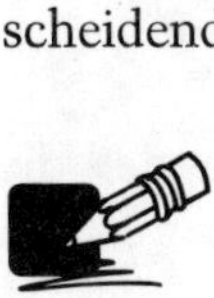

■ Wie wär's mit einer Bestandsaufnahme? Sie könnten sich einen Beobachtungstag vornehmen! Notieren Sie sich die Du-Sätze, die jedes Kind bevorzugt.

Am besten, Sie zeichnen sich die Graphik nach (für Familien mit drei und mehr Kindern gilt das Entsprechende) und schreiben an die Pfeile einige typische, oft wiederholte Du-Botschaften aller Familienmitglieder. In einer ruhigen Phase nehmen Sie sich die Ergebnisse vor: Unterscheiden Sie nach eher positiven, möglicherweise ermutigenden Du-Botschaften oder negativen (eventuell entmutigende).

- Welche Sorte Du-Botschaften überwiegen?
- Betrachten Sie jede mögliche Beziehung zwischen zwei Geschwistern; ist sie in allem gleich?

  Fällt Ihnen etwas Besonderes auf?

→ Falls negative Du-Botschaften überwiegen, erleben die Kinder längere Zeit Entmutigung: Um diese Wirkung abzuschwächen, ermutigen Sie: Sie fragen sich vielleicht, was Sie dazu beitragen können, daß die Geschwister „netter" zueinander sind. Hilfreich auch, mal sich selbst zuzuhören im Kontakt mit den Kindern und dem Partner!

■ „Du bist doch das Letzte!" Welche Etiketten haben Ihre Geschwister (darauf sei's hier beschränkt) früher Ihnen „angeklebt"? Wer hat damals (wem) welche wertende „Lieblingssprüche" oder -bezeichnungen „verliehen!? Wie wirkte sich das auf euer Miteinander aus? Haben Ihre Eltern darauf reagiert? Wie? Welche Reaktion hätten Sie sich von ihnen erwünscht (von Vater, von Mutter)? Versuchen Sie einmal, Ihre Gefühle zu beschreiben, wenn Sie sich an diese Vorgänge erinnern.

Geschwister schauen sich vieles voneinander ab

Die beiden Brüder sind für einige Tage bei den Großeltern in Ferien. Chris (6) lügt gerade sein Großmutter an: „Papa erlaubt uns immer, bis um 9 Uhr Fernsehen zu schauen ... Disneyfilme dürfen wir immer ansehen."

Fabian (4) weiß, daß Papa und Mama darauf achten, daß die beiden spätestens um 19.30 Uhr ins Bett gehen! Fabian schaut auf die ungläubigen Augen seiner Oma.

„Der Fabian sagt das auch!" fordert Chris seinen Bruder auf, ihn zu unterstützen. Er schaut dem Kleinen dabei streng ins Gesicht.

Was macht Fabian? Wird er auch lügen? Oder Chris im Stich lassen? Will er brav sein, sich bei Oma einschmeicheln? Hält er zu ihm, weil er das für wichtig und gut hält oder weil er unter des Bruders Knute steht?

Die Kapitel zwei und drei sollen Ihnen jenen psychologischen Hintergrund auffrischen, der für den nützlichen Umgang mit dem Geschehen in der Familie und der Geschwisterbeziehung nötig ist. Die gestellten Fragen können daher bereits beantwortet werden.

Also: Wovon hängt Fabians tatsächliches Verhalten an jenem Juli-Abend bei den Großeltern ab?

Stehen Sie vor ähnlichen „Rätseln", lohnt es sich wirklich, zunächst an mögliche Grundmeinungen des „Rätselgebers" zu denken. Als zweites erinnern Sie sich an die Art der Beziehung, die die beiden miteinander pflegen. Minusgefühle, stammend aus den Grundmeinungen, lassen Ihr Kind handeln! Hat es in betreffenden Bereichen (also Fabian im Umgang mit Chris oder Fabian im Umgang mit der Großmutter) regelmäßig Entmutigung erlebt, ist es wahrscheinlich, daß es mit ichbezogenem Verhalten reagiert: Petzen um beliebter zu sein (bei Oma) und Chris eines auszuwischen (im Rivalitätskampf).

Ermutigte aber die Beziehung, die Art des „Zusammenspiels" überwiegend, wird der Mensch sozial-bezogene Methoden in dieser Beziehung bevorzugen: Chris wird vielleicht lachen, vielleicht sagt er, daß doch Ferien sind und sie beide noch Fernsehen wollen ...

Weitere Beispiele für mögliche sozial- bzw. ichbezogene Verhaltensweisen entnehmen Sie bitte der Aufstellung in Kapitel 2. Aber auch die Verhaltensweisen zu den vier Nahzielen, die Sie im letzten Kapitel lesen, sind ichbezogen.

Es ist schon häufig so: Die bevorzugten Methoden des einen Kindes (meist ist es das ältere Kind) werden zur Orientierung für eines oder mehrere Geschwister: „Lernen am Modell". Gleichzeitig trägt die sich entwickelnde Beziehungsart zu dem Ältesten (eher positiv, eher negativ, gleichwertig, ungleich) dazu bei, ob das Verhalten des Älteren nachgeahmt (das ist bei friedlicher Beziehung anzunehmen) oder *gerade so nicht* übernommen wird, sondern „extra anders" gehandelt wird (was bei „gespannteren" Beziehungen denkbar ist).

1. Kinder *orientieren* sich in ihrem Verhalten, in der Wahl der Methoden, oft am Verhalten ihrer Geschwister *(wenn deren Verhalten erfolgreich war).*
2. Kinder wählen aber dann – wie man vielleicht glauben könnte – nicht automatisch ähnliches oder gleiches Verhalten! Mit dem „Schatz von Grundmeinungen" *bewertet* es dieses geschwisterliche Muster. Ob ein Kind lügt, stiehlt, fleißig ist, liest, an Mamas Schürze klebt, hängt damit zusammen, ob sein Geschwister damit gute bzw. schlechte Erfahrungen machte, ob es mit diesem Geschwister in guter oder schlechter Beziehung steht. Geschwisterbeziehung erzieht!

■ Vergleichen Sie die typische Art, wie Ihre Kinder ihren Aufgaben und Pflichten nachkommen und wie sie miteinander und den Mitmenschen umgehen.

Aufgaben/Pflichten 1 Situationen des Alltags	**2 Typische Methoden, mit denen normalerweise dies (1) erledigt wird:**		
	Ihr erstes Kind	**Ihr zweites Kind**	**Ihr drittes Kind**
Aufstehen am Morgen: schnell, selbständig, trödelnd? Was/Wer nervt? Probleme mit der Kleidung, mit dem Anziehen? Hygiene: Waschen, Zähneputzen, Sauberkeit allgemein			
*			

* Weitere Vergleichspunkte könnten sein: Verhalten beim Schulegehen – beim Mittagessen am Mittagstisch: Wer redet, wer hört zu, wer macht Unsinn, kleckert, ist eklig. Was schmeckt? Wem nicht? Sehen Sie da Bezogensein: Paul schmecken Spaghetti – Clara (deswegen) nicht! – Wann Hausaufgaben? Mit Hilfe? Wie werden sie verrichtet? Schnell, schlampig, ordentlich, vollständig? Weiß Kind stets, was es auf hat? – Zusätzliche Übungen nötig? – Charakterisieren Sie das Spielverhalten jedes Kindes. – Überdenken Sie die Hobbywahl eines jeden. – Wie steht es z.B. mit Lesen, Musikgeschmack, Zeichnen, Musizieren? – Verhalten bei Streit? – Wer gehorcht Ihnen „am besten"? – Reaktion bei Forderung, etwas für den Haushalt, die Familie zu tun. – Was tut sich bei der Auswahl des TV-Programmes, Computerbenutzung? – Schlafenszeit-Zeremonie: Welche Strategien werden angewandt? – „Geschmacksache": Was gefällt wem/nicht (Kleidung, TV-Programm-Arten, Bücher, „Stars", ...) ...

Nach diesem Vergleich, den Sie für sich durchführen, wird Ihnen vieles bewußter sein. Sicher erinnern Sie sich daran, daß *ausgesprochene* Vergleiche entmutigen und die Beziehung belasten. Die Verhaltensweisen der Kinder (auch) als Folge gegenseitiger Orientierung und Bewertung zu verstehen, das wäre eventuell die neue Sichtweise des Familiengeschehens.

Geschwister orientieren sich: Bringt mir das was oder mach ich's (bin ich) anders?

Tanja (14) bekommt die CD von Madonna nicht! Endgültig, so meinte es zumindest Papa, sie müsse sich das Ding schon vom eigenen Geld kaufen. Und das ist knapp, zu knapp, obwohl sie wöchentlich dreißig Mark bekommt! Nadinc (17), ihre große Schwester, lächelt zufrieden. Sie hätte das Geld, doch sie verschleudert ihr heißgeliebtes Geld doch nicht wegen einer CD! Die leiht man sich doch in der Stadtbibliothek aus und nimmt sie sich auf Kassette auf!

Ja, sparen das kann sie, Nadine. Tanja weniger, sie ist praktisch immer pleite, trotz regelmäßigen Taschengeldes. Und doch wird Tanja schon bald ihre CD hören können: sie wird wieder mal der alten Frau S. einkaufen und ihr im Haushalt behilflich sein, die Pfandflaschen, ...

Geschwister orientieren sich schon seit den ersten Lebensjahren intensiv und konsequent aneinander. Gehen wir der Reihe nach: Zunächst will das jüngere es dem älteren Geschwister gleichtun, es nachahmen; ihm nützen die Schrittmacherdienste. Dann geht es darum, sich am Vorbild zu orientieren und zu messen; doch schon bald wird es nach Gelegenheiten suchen, das ältere zu übertreffen.

Sie wissen: So problemlos, wie sich das jüngere das vielleicht vorstellt, läuft dies nicht ab, das Ältere wehrt sich, zeigt seine Zähne und Ellenbogen; öfters setzt es für das Jüngere eine „Niederlage" ab.

Grundsätzlich läßt sich beobachten, daß das – letztlich – auf einem Gebiet (rennen, basteln, singen, beliebt sein, ...) unterlegene Kind (das kann auch das ältere sein) nach einem neuen Bereich, nach einer anderen „Disziplin" sucht. Dieses neue Gebiet muß ihm folgendes bieten:

– Gute Aussichten auf Erfolg, d.h. auf Anerkennung (am besten durch „wichtige" Personen).
– Es muß in dieser Disziplin besser sein können als Geschwister (in einer Rivalitätsbeziehung sogar noch: Es muß ein Bereich sein, den das bzw. die Geschwister gar nicht mögen!)
– Es muß dem Kind ermöglichen, sich vom Geschwister abzugrenzen und seine Besonderheit belegen.

Natürlich „mischen" sich auch die Eltern ein; sie merken, wie sich die Kinder aneinander orientieren. sie geben deutlich ihre Bewertungen ab und sagen auch, was sie erwarten: Du als Ältester kümmerst dich ..." – „Ihr haltet zusammen ... ihr seid wie Pech und Schwefel ... die können nicht gut miteinander ..." – „Martin wird mal ein Handwerker, bei Ron dagegen mach ich mir Sorgen ..."

Wird in der Familie das Gemeinschaftsgefühl unzureichend gefördert, dann kennzeichnen nicht nur Entmutigung, Ungleichwertigkeit (unter den Familienmitgliedern) und nichtpartnerschaftlicher Umgangston den Familienalltag: Weil dann ichbezogene Verhaltensweisen üblich sind, verschärft sich auch die Rivalität unter den Kindern: scharfe Wettbewerbsstimmung, Egoismus, Feindlichkeit und Kälte bestimmen die Geschwisterbeziehung. Vergessen Sie nicht: In den ersten sechs Jahren schafft sich das Kind seine Grundmeinungen, dort definiert es sich seine Weltsicht, seine Wahrheiten! Die Graphik 3 soll zeigen, wie zum Beispiel drei Geschwister sich aneinander orientieren und ausrichten. So ähnlich könnte es auch in Ihrer Familie ablaufen …

Entwickeln Kinder jene Eigenschaften, die wir dem individualpsychologischen Begriff „Gemeinschaftsgefühl" zugeordnet haben (Kapitel 2), und ergänzen Ermutigung und erlebte Gleichwertigkeit sich, wächst ein widerstandsfähiges Selbstwertgefühl heran, das zwar Orientierung braucht, doch dem Mensch zu entscheiden erlaubt, ob und wann er sie benützen will. Eigene Fähigkeiten werden dann nicht nur mit Blick auf das Geschwister erworben und bewertet! Jeder erlebt sich stärker als selbstbestimmend und Kamerad des Geschwisters (schon ganz früh in der Kindheit!). Partnerschaftliche Familien ermöglichen den Kindern eine vom Geschwister weitgehend unabhängige Entwicklung. Und so beantwortet sich die Frage, ob Geschwister-Beziehungen Schicksal sind: Wenn in nichtpartnerschaftlichen Familien die Methoden der Ermutigung und des partnerschaftlichen Erziehens Einzug halten, entkrampfen sich die unglücklichen Rivalitätsbeziehungen: So öffnen sich die Tore zur freieren Entwicklung.

„Vorbilder“

Die älteren Geschwister dienen den Nachgeborenen als Orientierung. Um zu erkennen, wie und ob dieser Punkt unter Ihren Kindern wirkt, könnten Sie durch Beobachtung (und Notizen) klären:

▶ Orientierung:

Wer orientiert sich an wem? Wie zeigt sich das? Wie grenzen Sie sich trotzdem klar ab? Besteht eine negative Orientierung? (So

Geschwister orientieren sich aneinander …

Karsten (10)
Ich interessiere mich für Dinosaurier, weil meine Brüder das blöd, langweilig finden. Rot ist meine Lieblingsfarbe, weil sie Simon haßt, Fußball ist das Letzte, Basketball ist stark!
Ich werde mal etwas Handwerkliches erlernen, weil ich geschickt bin (im Gegensatz zu Simon) im Basteln. Schnelle Autos, Sportwagen, der Traum! (das ärgert Simon) Frau Berger mag mich (nicht Simon!) und mir gefällt sie auch.

Simon (12)
Ich finde Fußball gut. Ich bin technisch völlig unbegabt (z.B. im Vergleich mit Karsten), bin eben so klug wie Papa …
… da können mir meine Geschwister nicht das Wasser halten. Frau Berger (Lehrerin) ist blöd. Klassische Musik ist fein (nichts für Banausen wie Karsten).

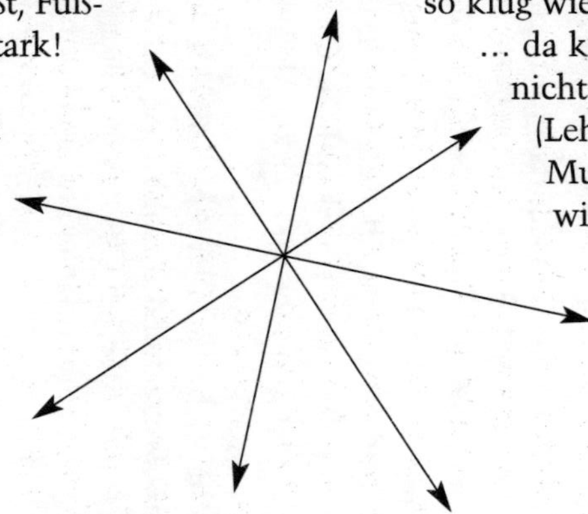

Sven (8)
Ich bin schlauer als Karsten.
Ich finde Fußball gut, weil Simon es gut findet und Karsten nicht. Basketball ist was für Schwachköpfe (wie Karsten). Handwerkliches kann Karsten toll, in der Schule, intelligenzmäßig, kann ich nicht mit Simon mithalten, aber ich glaube, ich eigne mich zu einem Pflegeberuf oder für den Kindergarten.

Graphik 3

wie der Bruder will ich *nicht* sein!) → Benennen Sie stets genau, wie sich das jeweils zeigt!

▶ Nachahmung:

Wer ahmt wen nach? Welche Handlungen und Denkweisen werden nachgeahmt? Welche direkten Folgen hat dies? (Für jedes Kind einzeln antworten!)

▶ Identifikation:

Die dritte Form des Ausrichtens auf ein Geschwister umfaßt große Teile der Person und verlangsamt die Entwicklung der Individualität. Ein Kind übernimmt die Einstellungen seines Geschwisters, teilt dessen Bedürfnisse, zeigt gleiche Verhaltensweisen. Es denkt, handelt und fühlt im Gleichklang mit einem Geschwister. Wer identifiziert sich mit wem? Wie erlebt das „Vorbild" das „Abgeschautsein" durch das Geschwister? Was halten Sie davon? Ihre Gefühlslage? Was haben die Kinder davon? Nennen Sie den „Nutzen" für jedes Kind. Wie erlebt das „Vorbild" dies Art der Bezogenheit durch das Geschwister? Was halten Sie davon? Gefühlslage? Was haben die Kinder davon? Nennen Sie den „Nutzen" für jedes Kind?

▶ Symbiotische Entwicklung:

Manche Geschwister *teilen* sich die Bereiche des Lebens auf. Das eine entwickelt dabei Qualitäten, die das andere sich aneignen muß. Da solche Kinder miteinander auftreten und eng zusammenarbeiten, fällt es zunächst nicht auf, daß ein Kind in bestimmten Bereichen eine Qualität weniger gut (oder gar nicht) entwickelt hat als das andere. Alleine fühlen sie sich aber schwach, sie brauchen einander, die Selbständigkeit ist stark eingeschränkt:

Durch Tanjas Kontaktfreudigkeit und lustiges Temperament bekommt Sina ebenfalls genügend Kontakt mit anderen (sie selbst bleibt zur Kontaktaufnahme und Aufrechterhalten einer Beziehung unzureichend trainiert.). Sina ist ruhig, sachlich, paßt in der Schule auf – Tanja ist die „Unruhige", „Lebendige" ... Sina weiß, wie Hausaufgaben gehen → erklärt sie Tanja, Tanja hat so auch immer die Hausaufgaben richtig (doch selbst übt sie zu wenig, selbständig ihre Hausaufgaben ordentlich anzufertigen) usw. Merken Sie, wie ein solch symbiotisches Verhältnis auch viele wichtige Lern- und Reifungsprozesse (durch „Teilung") verhindern kann? Sina kann keine eigenen Kontakte herstellen, alleine hätte sie vielleicht Probleme, mit anderen auszukommen. Tanja wird in der Schule nicht so gut sein; die Schwester ist ja da und erklärt es mir. „Wozu soll ich es dann lernen?" Sina lernt dagegen, logisch zu denken, Tanja, die nie wirklich nachdenken mußte, „weil meine Helferin da ist", hat da Probleme? Symbiotische Verhältnisse werden häufiger, um so enger der Altersabstand ist (siehe auch Zwillinge, Pseudozwillinge).

Welcher Platz ist frei – Rollen beeinflussen die Geschwisterbeziehung

Ähnlich wie in einer Fußballmannschaft der Torwart, der Libero oder der Rechtsaußen ganz bestimmte Funktionen und Aufgaben erfüllen, so ist es auch in einer Familie. Auch dort werden Positionen besetzt; so denken sie vielleicht an Begriffe wie Ernährer, Putzfrau, Aufpasser auf den/die Kleinen (bis sie dies nicht nötig haben, diese Rolle kann auf ein anderes Familienmitglied zeitweise oder turnusmäßig o. ä. wechseln), Müll-Versorger, Mutters Stütze; Geschirrdienst; Vaters „Assistent"; Gewissen der Familie; Kritiker; Politiker; Organisator; Vorleser, ja, in manchen Familien gibt es sogar das. Solche Positionen, besser gesagt Rollen, werden zugewiesen oder man meldet sich dafür; Voraussetzung ist meist, daß man sich dafür als geeignet erwiesen hat bzw. sich so fühlt. In der Familie gibt es aber auch eine ganz besondere Sorte von Rollen, in die wir selten freiwillig geraten, und oft ist den Betroffenen – jenen die einem die Rollen geben und jene die diese Rolle übernehmen – gar nichts davon bewußt. Und wird diese Rolle dann doch mal bewußt, dann hat man sich schon so an sie gewöhnt, daß man da nicht mehr so ohne weiteres rauskommt. Meistens wüßten die Betroffenen auch nicht, warum sie die Rolle ablegen sollten. Das ist der Unterschied zu den anf angs erwähnten Rollen und Positionen!

Welche Rollen können denn nun so früh eingeschliffen sein, daß sie (teilweise) zur „Art unserer Persönlichkeit" geworden sind? Praktisch alle, die von und wegen den ersten Bezugspersonen in den ersten Jahren erlernt werden: Liebling, Sonnenschein, Clown, Stimmungsmacher, Helfer, Mitläufer, Schwieriger, Problemkind, Schwache, „ewig" Kranker, Versager, Rechthaber, Rebell, Aufwiegler, Provozierer, Sündenbock, „Neger", Außenseiter, Einzelgänger, Einzelkämpfer, Fremdling, Tüchtige, Brave, Fleißige, Verantwortungsbewußte, Gewissenhafter, Märtyrer, Opfer, Bequemer, Bohemien, Schlamper, Lebenskünstler, Minimalist.

Sie können die Liste durch jene Rolle(n) ergänzen, die Sie in Ihrer Familie „entdeckt" haben. Scheuen Sie sich nicht, dieser Rolle einen eigenen Namen zu geben!

Wie kommt ein Kind nun in eine solche hartnäckig-haftende Rolle? Zum Beispiel der Andi (11):

Sein Verhalten fassen die Eltern mittlerweile mit dem lapidaren Satz zusammen: Er spielt den Clown. Schon ganz klein fanden ihn seine Eltern „zum Schießen", und der drei Jahre ältere Bruder Thomas animierte ihn seit daher mit seinem aufreizenden Lachen. Im Kindergarten spielte er anfangs auch den Clown, doch traf er unerwartet auf Konkurrenz! Gleich zwei Buben stellten ebenfalls alles auf den Kopf, die Erzieherin griff energisch ein. „Danach ist alles besser geworden", erinnert sich die Frau. Andi wurde seit jenem Zwischenfall ein Musterbeispiel, wie Kinder im Kindergarten sein können.

Mit den Schulleistungen hapert es. Seit Ende der ersten Klasse übernimmt er allmählich in seiner Klasse die Unterhalterrolle.

Da er nicht dumm ist, gefallen die originellen Späße allgemein und er wird beliebt, bleibt aber ein mittelmäßiger Schüler, obwohl er zu Beginn seiner Schullaufbahn gute „Ansätze" zeigte.

„Er ist nur faul", bedauert seine Klassenlehrerin. Deshalb besucht er die Realschule, dabei wäre er so gern wie sein Bruder Thomas aufs Gymnasium. „Ich bin eben zu blöd dafür!" stellt Andi traurig und resignierend fest.

Sie sehen: Kinder setzen in Gruppen ihre erlernten Rollen gezielt ein. Haben sie damit keinen Erfolg (wie Andi im Kindergarten), übernimmt „man" eine freigebliebene Rolle, die aber in das jeweilige Gruppengefüge paßt (die Erzieherin beachtet nun Andi in der Rolle des Lieblings oder Musterkindes ganz besonders).

Deutlich wird auch: Früh erworbene Rollen stehen als bevorzugtes Repertoire, als „Rollensammlung", zur Verfügung, weil sie in besonderer Weise zu einem passen. Das erklärt sich so: Kinder in den ersten sechs Jahren schaffen sich Grundmeinungen, bilden sich ihre Sicht von Mitmenschen, sich selbst und anderen; Sie erinnern sich. Steckt ein Kind wie Andi jahrelang in der Rolle des Clowns, dann definiert er sich auch so! Er hat im Kindergarten zusätzlich die Rolle des Musterknaben erlernt, die ihm zu Hause aber nicht zugefallen ist, sondern Thomas. In der Schule experimentiert er mit beiden Rollen, bis eine „paßt". Sie sehen, nichts ereignet sich im luftleeren Raum oder zufällig: Stets wirkt das Beziehungssystem der jeweiligen Gruppe, z.B. der Familie (wie es Graphik 2 abbildet), auf die Verteilung der Rollen: Graphik 2 zeigt dies.

Die Graphik enthält auch mögliche Grundmeinungen der vier Familienmitglieder, die für das Rollenverhalten wohl ausschlaggebend gewesen sein dürften. Für dieses Buch sollen lediglich Thomas und Andis Rollen in der Familie genauer betrachtet werden. Die Graphik legt nahe: Andi spielt den Clown, weil Thomas bereits brav, tüchtig, gewissenhaft ist und Andi damit (nach ersten Anfängen vermutlich) nicht genügend Anerkennung erhielt. Die Rollenwahl hängt also stark mit der Geschwisterbeziehung zusammen; natürlich auch mit der Mutter, die Thomas schon vor Andis Geburt diese Rolle „schmackhaft“ machte (wovon sie allerdings so ausdrücklich nichts ahnte). Vaters Einstellung bringt ab und zu Eheprobleme (Mutter beklagt sich über die zu lasche Einstellung ihres Mannes); er macht sich über ihr übertriebenes Pflichtbewußtsein lustig. Vater war es vermutlich auch, den Andis lustiges Verhalten erfreute und der Andi letztlich dazu

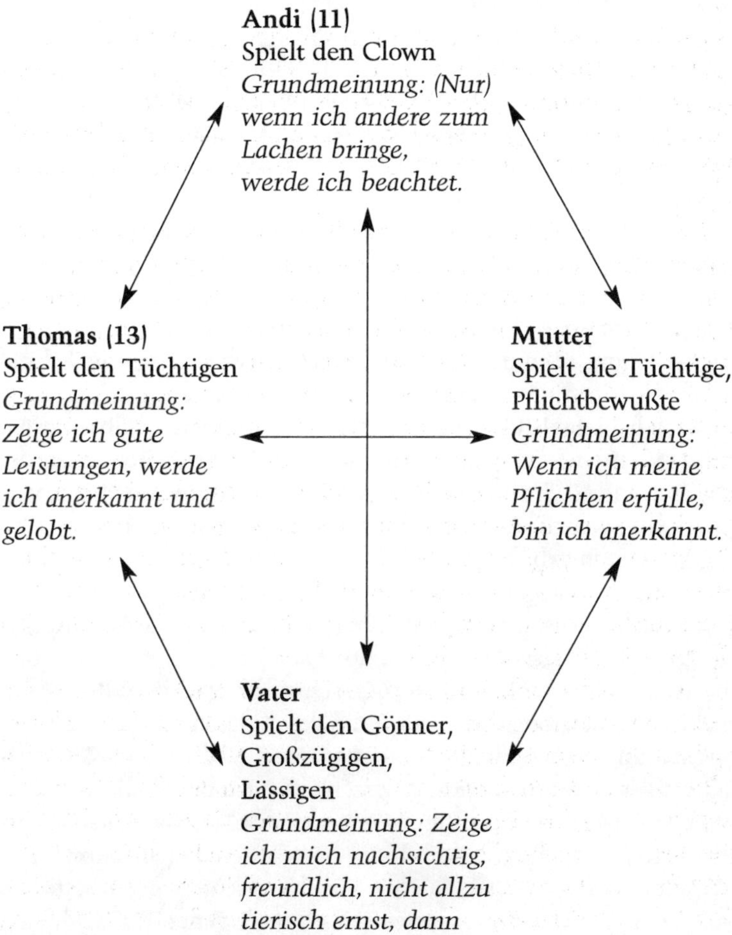

Graphik 4

verlockte, weitere originelle Aktionen zu bringen. Andi selbst hat zwar ein gutes Selbstbewußtsein als Clown (!), aber nicht als Schüler! Sein Bruder ist dagegen ein Star! Der kann was! „An den komm ich nicht ran! ich bin eben zu blöd ...!"

So werden solche frühen Rollen, einverleibte Rollen, zu Entmutigungsquellen. Und darum geht es hier. Verhindern wir, daß eines unserer Kinder darunter leidet, daß ein anderes sich stark fühlt (und dadurch unsere Aufmerksamkeit und Zuwendung erhält)!

Andi „durfte" (oder war es gar ein Muß?) den Clown spielen, weil dadurch im Familiensystem alles seine Ordnung und Stabilität hat: Mutter hat ihren Tüchtigen – Vater hat einen Sohn, der es lässig nimmt (wie er) – Mutter hat auch ihre Sorgen (mit Andis Schulleistungen und mit ihrem zu sorglosen, aber auch verantwortungslosen Mann) und erlebt so ihre Wichtigkeit – Thomas ist der Tüchtige, besser als Andi, der ihm keine Konkurrenz ist, der Stolz der Mutter, aber auch des Vaters –

Andi hat Spaß, Thomas und Papa dienen ihm als gutes Publikum, Mama kümmert sich viel um ihn, weil er in der Schule nicht so gut ist wie er könnte ... alles in bester Ordnung! Da ändert sich nichts! (Und Andi behält sein minderes Selbstwertgefühl ... entwickelt sich deutlich unter seinen Möglichkeiten, ist das schlimm?) Sie wollen solche Entwicklungen möglichst verhindern? Keinen Andi in Ihrer Familie? Keinen Thomas, der unter Leistungsdruck leidet?

Schauen wir uns einige Rollen an! Die kleine Auswahl der Rollen zeigt, daß in derselben Familie auf Dauer nur einmal eine Rolle besetzt sein kann. Ein anderes Geschwister wird eine Rolle „annehmen", die „irgendwie" zur Rolle des anderen paßt und zu den Einstellungen der Eltern: Sonnenschein–Problemkind, Clown – Tüchtiger oder ernsthaftes, gewissenhaftes Kind, Rebell – Kuscher, Kriecher, Mitläufer, Liebling – schwarzes Schaf, Spezialist – Ausführender, Arbeitstier, Anführer – Mitläufer, Befehlsempfänger, Untertan, ... – ... Die „Pärchenbildung geschieht recht deutlich nach dem Muster: überlegener Teil – unterlegener Teil: Es bilden sich „ungleichwertige Rollengespanne" (siehe oben).

Rolle	Mögliche Grundmeinungen, „Lebensstilsätze"	→ deswegen (handelt das Kind ...)
Sonnen-schein	Wenn ich keine Probleme zeige oder mache, sorglos, fröhlich bin, mich „pflegeleicht" zeige, „einstecke", mich klug, verständig, vernünftig gebe, dann bin ich geliebt/geschätzt ... läßt man mich in Ruhe ...	... lerne ich jetzt noch dieses blöde Gedicht auswendig ...
Clown	(Nur) Wenn ich lustig bin, verrückte, kreative Sachen mache, werde ich beachtet, geliebt, bin ich was wert ...	... sitzt Helmar im Papierkorb ...
Helfer	Ich bin nichts, wenn ich nicht andere unterstütze, mich anbiete, sehe, was zu tun ist, Mitleid zeige und zupacke, andern das Leben erleichtere, ihnen Sorgen abnehme ...	... nimmt sich Timo des weinenden Jungen an und ...
Schwäche-zeigender	Wenn ich mich hilflos, bedürftig, schwach, krank, ahnungslos ... zeige, dann ist man nett zu mir ... hilft man mir ... fordert man weniger von mir ... vermeide ich eine Blamage ...	... sitzt Sandra in der Ecke und schaut traurig vor sich hin ...
Außenseiter	Wenn ich anders bin als andere, etwas tue, was nicht gefordert, nicht üblich oder anders ist, dann bin ich jemand ... dann werde ich wahrgenommen ...	... will Sonja nicht auf den Ausflug mit ...
Rebell	Wenn ich nein sage, dagegen bin, Widerstand leiste ... bin ich jemand, beachtet man mich, bin ich wertvoll, ernstgenommen ...	... sagt Petra zum Lehrer, daß sein Unterricht nicht interessant ist ...

Graphik 5

Unsere Rollen

▶ Welche Rollen haben Ihre Kinder in Ihrer Familie übernommen? Ordnen Sie jedem Kind mindestens eine Rolle zu. Wie Sie die Rolle nennen, ist Ihnen überlassen, manchmal passen die hier aufgezählten nicht so richtig.
▶ Klären Sie für jedes Kind: Wie wirkt sich die Rolle, in der Sie das Kind sehen auf – sein Verhalten in der Schule – auf seinen Kontakt mit anderen Kindern – auf seine Berufsabsichten aus?
▶ Schreiben Sie zu jeder Rolle sowohl die positiven als auch die negativen Eigenschaften auf, ebenso die Selbst-Sicht des betreffenden Kindes, also wie die in den Graphiken 4 und 5 aufgelisteten Grundmeinungen. Betrachten Sie die negativ gefärbten Grundmeinungen als Entmutigungsquellen.

Michael Jackson, geb. 1958, Popstar
Siebtes Kind, ihm folgen noch weitere zwei Geschwister. Der Vater, finanziell von der Kinderschar überfordert, drillt seine Buben brutal zum Erfolg. Die „Jackson 5" werden Kinder-Superstars, und auch als Erwachsene sind einige Geschwister erfolgreiche Popstars. Doch der Star der Geschwister ist zweifellos Michael!

Als Fünfjähriger schrieb er im Kindergarten folgende drei Wünsche auf: „Ich möchte gern ein großer Entertainer werden. Ich wünsche mir Frieden für die Welt, und ich möchte später mal ein eigenes Haus haben."

Der Vater quält die „Jackson 5" mit Schlägen zur Leistung. „Er beschimpft und demütigt sie, wo er nur kann ... Der süße kleine Michael ist längst die Hauptattraktion der Jackson 5, da bekommt er noch täglich zu hören, wie häßlich, dumm und ungeschminkt er sei."

... aufgeweckt, lebhaft, Frühentwickler ...

„Michael ist der einzige, der nicht stillhält. Er widerspricht dem Vater, und wenn es Schläge hagelt, schlägt er zurück, ... und wirft wohl auch mal einen Schuh nach dem Peiniger. ‚Deshalb bekam ich mehr ab als alle meine Brüder zusammen. Ich wehrte mich, und mein Vater schlug mich halb tot' schreibt er in seiner Autobiographie."

(Informationen aus Jochen Ebmeier, „Das Phänomen Michael Jackson", Rasch und Röhring Verlag 1997)

→ Kann ein Mensch ein Leben lang sich in so einer Haut wohlfühlen? Doch wie davon befreien?

Michael kann anders als sein Vater nun tausende Kinder ernähren. Lädt er sie deshalb so gerne in seine Häuser, die anders als bei Papa Schlösser sind?

Schüler (14): „Michael Jackson ist etwas Besonderes: Er ist der einzige weiße Neger, den ich kenne."

Graphik 5 erlaubt einen tieferen Blick: Immer auf die dahinterliegende Grundmeinung blicken! Rollen sind Einengungen! Ein Teil des Lebens bzw. der Verhaltensmöglichkeiten wird ausgeblendet, bleibt unentwickelt: Dort stecken Entmutigungen, Ängste! Schauen wir uns das kurz an:

Der Sonnenschein → Er lernt nicht, Konflikte zu haben, zu machen (wenn es nötig wäre) und zu bestehen, lernt zuwenig Durchsetzungsvermögen; das behindert seine Persönlichkeitsentwicklung!

Der Clown → Er lernt nicht ausreichend, das Ernstzunehmende ernst zu nehmen; entwickelt unzureichende Arbeitshaltung, Disziplin; aber auch ohne Publikum und Bewunderer zu arbeiten, da graust's ihm davor.

... Und so können zu sämtlichen Rollen solche Lücken und unentwickelte Bereiche entdeckt werden. Und genau dort muß Erziehung ausgleichend wirken! Das gelingt Ihnen durch bewußtes Fördern des Gemeinschaftsgefühles (Einzelheiten in Kapitel 2 und 7). Denn dadurch können Sie gezielt die wirklich negativen Wirkungen der frühen Rollenübernahme vermeiden. Dagegen glaube ich kaum, daß die Rollenübernahme selbst verhindert werden könnte.
– Eltern verhindern jede Einseitigkeit, jede klare Rollenzuweisung. Sie machen sich deutlich, welche Rolle die einzelnen Kin-

der spielen bzw. entwickeln und achten darauf, daß die erwähnten negativen Lücken und unterentwickelten Bereiche nicht auftreten!

Andi muß bewußter zum soliden Arbeiten trainiert werden, ihm darf nicht erlaubt sein, eben (nur!) ein lustiger Kerl zu sein: Beides wäre eine tolle Mischung! Andis Eltern werden mehr darauf achten müssen, daß er auch alleine (ohne Publikum) arbeiten kann.

– Die Eltern wenden bewußt Ermutigungsideen an (in Kapitel 7 sind einige gesammelt!), um dem Kind gerade in jenen Bereichen, die durch die übernommene Rolle verkümmern und ungefördert bleiben, Selbstbewußtsein zu schaffen.

Andis Eltern nehmen sich zu Beginn einige Ideen heraus, die sie konsequent umsetzen wollen. „Stärken erkennen", „trotz Problemen bist du o. k.", „sachbezogenen Bezug zum Problem" …

Sie zeigen: Du bekommst deine dir zustehende Aufmerksamkeit, du brauchst dazu nicht den Clown (oder sonst eine Rolle) spielen.

– Die Eltern lassen das Kind bewußt erleben, daß es auch ohne sein Rollenspiel geschätzt wird.

– Die Eltern sorgen dafür, daß alle Familienmitglieder dem Clown weniger Beachtung geben (Nahziel 1) bzw. dem Rollenspieler. Sie versuchen, den großen Bruder dafür zu gewinnen, daß er ebenfalls seine Begeisterung „für jeden Mist" drosselt.

So richten sich Geschwister aneinander aus: Sie wollen sich anpassen, den andern übertreffen, mit ihm rivalisieren oder gerade ganz anders sein: andere Vorlieben, Hobbys, Geschmacksrichtungen …, Wahl der Rolle (Clown, Professor, Baby, Liebling, Mädchen für alles, …).

Wie war das in Ihrer Kindheit? Erlaubt Ihnen der zeitliche Abstand bereits einen etwas „abgeklärteren" Zugang? Könnten Sie die recht provokativen Satzmuster zu Ende führen, nach dem Muster: Weil meine | *Schwester Anne* | so gut | *in Rechnen war* |, verlor Mathe für mich ziemlich an Reiz; deswegen strengte ich mich an, | *im Schwimmen* | besser zu sein als meine Schwester (was mir auch gelang).

Kapitel 4: So läuft's in der Zwei-Kinder-Familie

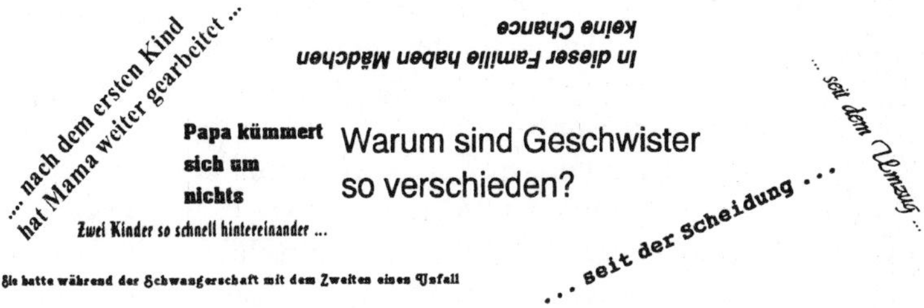

Geschwisterbeziehung ist weichenstellend! Und doch: Bei aller Verschiedenheit lassen sich zu den oft festgestellten, allgemeinen Auffälligkeiten der einzelnen Geschwister-Positionen aus Kapitel 1 nun auch einige oft feststellbare Gemeinsamkeiten in Familien mit zwei Kindern erkennen. Sie ergänzen die Inhalte aus Kapitel 1 oder verfeinern die Sichtweise: Dieses Mal sehen Sie die beiden Geschwister nebeneinander gestellt (so wie sie sich oft fühlen): Des einen Freud, des andern Leid, ... ein seelischen Ping-Pong-Spiel mag es oft sein, so wird die starke Bezogenheit auch optisch deutlich. Mit berücksichtigt ist nun auch das Geschlecht der beiden. Die versammelten Fakten sind meist im verkürzten Telegrammstil gehalten: knapp und Impulse gebend; sie beziehen sich öfters auf Inhalte von Kapitel zwei und drei: *G+* symbolisiert: das Gemeinschaftsgefühl ist gut entwickelt; *G–:* bei entmutigender Erziehung und wenig Gemeinschaftsgefühl; sämtliche Geschwisterpositionen sind numeriert (Älteste 1–4, Zweite 5–8, die Geschwister der 3-Kinder-Familie in Kapitel 5 mit 9 bis 33); dies erleichtert Ihnen die rasche Orientierung z.B. beim Erstellen des Übersichtsbogens (Kapitel 7). Der Begriff „Nahziel" bezieht sich auf das in Kapitel 7 beschriebene Konzept von *R. Dreikurs*. In Problemsituationen können Sie sich mit ihnen und Graphik 1 (siehe Tips Seite 58) eine Verhaltenskette erstellen und so das Verhalten des Kindes verstehen.

Der ältere Bruder einer Schwester 1

Mögliche Eigenschaften:
Er fühlt sich in der Führungsrolle wohl, ist unangefochten; dadurch wird er weniger zum Machtkämpfer; als eine Art Kronprinz „ruht er in sich“, nicht neidisch oder eifersüchtig, ist von seinem Wert überzeugt; Verständnis für Mädchen; sein Ehrgeiz ist im Vergleich zu anderen Ältesten weniger stark entwickelt.

Zur Geschwisterbeziehung:
Gegenüber der Schwester wird er seine Männlichkeit betonen; problemlose Entwicklung von Verantwortungsgefühl, verstanden aus der Männlichkeitsrolle → wird zum Beschützer der Schwester; im Verlauf der Kindheit könnten sich die beiden voneinander entfernen. Bei engem Altersabstand: verschärfte Rivalität, falls er erlebt, daß die Schwester durch ihre Leistung beachtet wird und ihn ein- bzw. überholt …

Grundmeinungen, die eventuell das Verhalten bestimmen

Als Junge bin ich den Mädchen überlegen … ich bestimme …
G+: Es ist schön, mit einem Geschwister zusammenzuleben …
G–: Ich bin meiner Schwester in Wirklichkeit unterlegen … schwächer … das Leben ist ein Kampf … immer will jemand einen übertreffen …

Worauf Sie achten sollten:

In dieser Geschwisterbeziehung spiegelt sich die traditionelle Partnerbeziehung: Männer älter als Frauen, Männer bestimmen, wissen wo's lang geht; um dem Gleichwertigkeitsbedürfnis gerecht zu werden, beachten Sie: Keinem Geschlecht steht zu, bevorrechtigt zu sein, da dadurch vielen Menschen unrecht getan wird; dies leben die Eltern als Muster „nachvollziehbar“ vor.

Max (10): Ich finde es toll, eine Schwester zu haben, sie spielt schon echt gut Klavier!

Greta (8): Max nervt mich mit dem blöden Fußball, aber sonst ist er okay; er kann gut Mathe!

Die jüngere Schwester eines Bruders 6

Mögliche Eigenschaften:
Selbstvertrauen, beliebt, außerhalb der Familie spielt sie gerne die Anführerin; sie lernt, in einer Welt, die von einer gewissen männlichen Vorrangstellung geprägt ist, sich zurechtzufinden; sie ist das Mädchen, kann aber auch, um dem Bruder zu gefallen, in die Bubenrolle wechseln.

Zur Geschwisterbeziehung:
Beneidet unter Umständen den Bruder um seine bevorrechtigte männliche Rolle! Sie eckt damit an, streitet viel, will sich auch mal am bevorzugten Bruder rächen; doch meist versteht sie es, die Beziehung friedlich zu gestalten. Dann akzeptiert sie ohne Probleme die Führungsrolle des Großen, oft wird er ihr zum Beschützer. Die beiden orientieren sich durch die verschiedenen Geschlechter weniger starr aneinander, Mädchen „dürfen" andere Methoden benützen. Sie beurteilen sich gerade wegen des verschiedenen Geschlechts oft recht „mild" und wenig entmutigend, sie rivalisieren weniger. Vergleiche fallen dank der unterschiedlichen Reifung oft günstig für sie aus.

Grundmeinungen, die eventuell das Verhalten bestimmen

Weil ich ein Mädchen bin, bin ich ... schwach, werde ich benachteiligt ... muß ich Buben gefallen ... es ist schön einen Helfer zu haben, ... aber auch: ohne Helfer kann ich nicht ...

Worauf Sie achten sollten:

Weil sich mitunter die beiden gut verstehen, üben sich fast von alleine die traditionellen Geschlechtsrollenverteilungen und -bewertungen ein. Wirken Sie dem durch Gleichwertigkeits-Erziehung entgegen!

Der ältere Bruder eines Bruders 2

Mögliche Eigenschaften:
Fühlt sich in Führungsposition, leistungsorientiert, ehrgeizig, konkurrenz-verbissen, betont materielle Werte stärker als sein Bruder; besitzorientiert, mißtrauisch-wach (wo ist das „Bedrohliche", Herausfordernde"?). *G–:* Geltungsstreben, Vermeidungsverhalten, Kampf um Sonderstellung ... ist sich der relativ hohen Erwartungen der Eltern bewußt; bei Erfolg gegen Bruder: „Siegertyp"-Rolle möglich. Äußerlich angepaßt, in vielen Bereichen oft streitsüchtig.

Zur Geschwisterbeziehung:
Machtbewußtes Miteinander; hier könnte sich Herrschsucht entwickeln; leidet unter Entthronung, nimmt dies Mutter mitunter übel; er sieht, wie sie den Kleinen in Schutz nimmt und sieht darin Ungerechtigkeit → Kampf, Nahziele! Heftiges, auch unfaires Konkurrieren; durch Du-Botschaften Bruder verletzen ...

Grundmeinungen, die eventuell das Verhalten bestimmen

Mein Bruder wird mir vorgezogen ... ich will/bin stärker/schneller/klüger (sein) ... Vorsicht! Gefahr! Immer ist jemand da, der einem die (Macht-)Position streitig machen will! Mutter gibt mir nicht, was mir zusteht ... Papa dagegen ist okay ...

Worauf Sie achten sollten:

Verbissene Konkurrenz durch partnerschaftliche Impulse abmildern (Richtung Kameradschaft)! Bringen Sie dies nie in Zusammenhang mit dem Geschlecht und halten es gar für gesunde Härte und Ellenbogenstärke („Männer sind so!"); individuelle Entwicklung jenseits harten Machtkampfes und entmutigender Bewertungen.

Der jüngere Bruder eines Bruders 8

Mögliche Eigenschaften:
Gespür für Fremdbestimmung, die er sich meist nicht gefallen läßt; sieht Bruder (später: wichtige Personen) als Herausforderung (um ihn zu übertrumpfen oder – nach Entmutigung – jedem Vergleich aus dem Weg gehen); oft alternative Entwicklung zum ernsten, leistungsbezogenen Ältesten: Clown, fröhlich, „lustorientiert"; falls er den sich selbst gestellten Wettkampf mit Bruder gewinnt: konkurrenzbezogen; verliert er ihn: ichbezogenes Verhalten, wenig konkurrenzbezogen, und ergebnisorientiert, großzügig; aber auch labil, „sensibel".

Zur Geschwisterbeziehung:
Sieht sich oft gezwungen, dem machtbewußten Bruder nachzugeben, ihm zu gehorchen; *G+:* Entwicklung Richtung Kameradschaft, *G–:* erbitterte Rivalität, entmutigtes Verhalten forciert Entwicklung ichbezogener Verhaltensweisen, oder er ist passiv und unterwürfig. Das Arrangieren mit Bruder stärkt eventuell seine Fähigkeit, mit anderen angemessen umzugehen; teilweise schlechtes Verhältnis zu Autoritäten („aller Art"); entwickelt in der Auseinandersetzung mit Bruder stärker das Gerechtigkeitsgefühl.

Grundmeinungen, die eventuell das Verhalten bestimmen

Ich bin schlechter, dümmer, häßlicher oder besser, klüger, „charmanter" als … (Wett-)Kampf ist das Leben … ich will/werde es schaffen … Mutter gehört mir/muß mich/für mich … ohne Helfer bin /kann ich nichts …

Worauf Sie achten sollten:

Nicht dem Großen die Führungsrolle geben; so bleibt dem Kleinen Raum für Verantwortung, Pflichten und wichtige Erfahrungen; Gefahr der Verwöhnung, des unangemessenen In-Schutz-Nehmens erkennen, Selbstvertrauen stärken.

Die Mutter berichtet: Die beiden sind total verschieden: Tim (10) hat das, was Sebastian (5) abgeht: Ehrgeiz; der Kleine ist schlampig, sorgt sich um nichts. Er ordnet sich dem großen unter, spielt ihm den willigen Jockel. Das nützt der aus! Basti macht mir Sorgen!

Die ältere Schwester einer Schwester 3

Mögliche Eigenschaften:
Lernt für die Schwester Versorgungsfunktionen zu übernehmen: verantwortungsvoll, gewissenhaft, folgsam; steht unter elterlichem Erwartungsdruck, sie wird nüchterner, rationaler, ernster als ihre Schwester, oft auch intellektueller; normtreu, relativ engen Kontakt zu Vater; sie erlebt, daß ihrer Schwester weniger Schwierigkeiten gemacht werden wie ihr.

Zur Geschwisterbeziehung:
Soll der Schwester Vorbild und Ersatzmutter sein; fordert von ihr Verhalten und Regeln wie die Eltern, nimmt ihr aber auch Unangenehmes bzw. die Verantwortung ab.

Grundmeinungen, die eventuell das Verhalten bestimmen

(Nur) Wenn ich gehorche, liebt man mich ... als Große, habe ich viele Pflichten ... ich bin überfordert, weil ich immer auf die Kleine aufpassen muß ... darf nicht so sein wie andere Kinder ... die Eltern benachteiligen mich (das ist gemein) ...

Worauf Sie achten sollten:

1. Wieviele Gefühle muß die Tochter unterdrücken, um „brav" zu sein? Sie meint oft, daß sie nicht „bedingungslos" geliebt wird! Ihre Wut auf die Mutter (den Vater), die die Schwester bevorzugen! Zorn auf die Schwester! Druck, ihre Gefühle nicht zu zeigen! Demütigungsgefühl bei ihrer „Erkenntnis", benachteiligt zu sein, von der Kleinen ein- oder überholt zu werden. Reagieren Sie auf diese Entmutigungsquellen mit Ermutigung! (Siehe Kapitel 7) 2. Lassen Sie nicht zu, daß Ihr Kind einseitig die „Frauenrolle", Mutterrolle übernimmt! Gleichwertigkeitserziehung erfordert, *auch* sogenannte männliche Qualitäten zu übernehmen.

Tante Maria: Meine beiden Nichten entwickeln sich prächtig. Meine Buben dagegen … die Große liebt die Kleine abgöttisch, die Kleine ist wie eine Prinzessin, aber lieb und sensibel. Die Mädchen sind so selbständig, jetzt kann meine Schwester sogar wieder arbeiten.

Die jüngere Schwester einer Schwester 5

Mögliche Eigenschaften:
Sie fühlt sich als Jüngste im Mittelpunkt, recht nahe bei Mutter (identifiziert sich mit ihren Einstellungen); anfällig für Verwöhnungstendenzen; Gefahr zur Unselbständigkeit; Frauen haben in der Familie Oberhand: wird sie nun noch weiblicher als die beiden anderen – oder das Gegenteil? Sie erträgt Kritik schlecht; tendiert dazu, eher zu resignieren als den Druck auszuhalten.

Zur Geschwisterbeziehung:
Sie versteht, Vorteile der Jüngsten in dem Kampf mit der Schwester einzusetzen; → „Sucht", die Große zu übertreffen: früher Freund, Sex, Drogen ...; sie entwickelt alternative Eigenschaften zur steifen, stärker prinzip- und normbewußten Ältesten → freier, inkonventioneller; erlebt sie Entmutigung durch leistungsstarke Schwester: labiles Selbstbewußtsein, das nach Anerkennung, Zuwendung dürstet; dann ist das Vertrauen in eigene Leistungsfähigkeit auf den Gebieten der Schwester – oft Schule, Beruf – nicht so groß.

Grundmeinungen, die eventuell das Verhalten bestimmen

Meine Schwester ist mir überlegen ... ist besser in ... ich bin die Hübschere, beliebter ... Mutter (Vater) gehört mir ... Mutter muß mir helfen ... ohne Hilfe kann ich nicht ...

Worauf Sie achten sollten:

Durch partnerschaftliche Elemente (Kapitel 7) der Rivalität die Feindlichkeit nehmen (die aber oft gar nicht so leicht von den Eltern zu erkennen ist!). Seien Sie kritisch, beobachten Sie die beiden öfters stillschweigend.

Die ältere Schwester eines Bruders 4

Mögliche Eigenschaften:
G–: Eifersucht auf Bruder, stark leistungsorientiert, konkurrenzbezogen, aggressiv ... *G+:* Erleben des Miteinanders, der Gleichwertigkeit der Geschlechter, kameradschaftlich, hilfsbereit, fürsorglich.

Zur Geschwisterbeziehung:
Der Bruder wird als große Herausforderung erlebt; *G+:* Gleichwertiges Miteinander in Kameradschaft *G–:* Prestigekampf, beweisen, daß Mädchen besser sind als Buben, scharfe Rivalität, sie ist die Große, Mächtige, geniest die Abhängigkeit des Kleinen, was sie „milder" stimmen läßt ...

Grundmeinungen, die eventuell das Verhalten bestimmen

G–: Ich muß beweisen, daß ich besser bin ... ich bin schlecht, weil ich immer gemein zum Bruder bin ... als Mädchen bin ich weniger wert ... *G+:* Mädchen und Jungen sind gleich, mein Bruder ist nett, interessant ...

Worauf Sie achten sollten:

Vermutung: Die beiden haben es manchmal auch schwer, weil diese Konstellation der gesellschaftlichen Konvention widerspricht, daß der weibliche Teil dominant, der männliche Teil untergeben ist! „Da stimmt was nicht!" Mit (für das Kind) eindeutigem Verhalten dem Mädchen zeigen, daß es um seiner selbst willen geschätzt wird – wie auch der Bruder. Der Vater kann ihr glaubhaft den Wert als weiblicher Mensch (der sich nicht von dem des männlichen Menschen unterscheidet) vermitteln, ihre Interessen fördern und schätzen; Sinn für Fairneß und Kameradschaft festigen. Bewußt verhindern, daß die Schwester in die Rolle der Hilfserzieherin des Kleinen gerät! Ihre unabhängige Entwicklung fördern!

Mögliche Eigenschaften:
Er spürt den „Druck" der Schwester, genießt die Fürsorge, fürchtet ihren Zorn: so wird er feinfühlig, friedlich, aufgeweckt. Er übernimmt Methoden aus der traditionellen weiblichen Rolle: So wird er weniger mit Gewalt als mit Worten und psychologischen Kniffen seine Ziele erreichen und Konflikte bereinigen wollen; er kann zuhören, Tendenz: sich bedienen lassen, unselbständig sein. Kaum das Bedürfnis, den Starken, Kompetenten zu spielen, da er von kleinauf genügend Selbstwert entwickelte. Dieser verringert sich, wenn er unter einer übermächtigen, klugen Schwester leidet. Tendenz: Liebling der Eltern!

Zur Geschwisterbeziehung:
Hängt davon ab, wie aggressiv (durch erlebte Demütigung) die Schwester auf den Bruder ist. Je friedlicher und zurückhaltender der Junge ist, um so entspannter und entmutigungsfreier wird die Beziehung.

Grundmeinungen, die eventuell das Verhalten bestimmen

Ich bin – als Junge – etwas Besonderes (das gibt mir Vorrechte gegenüber Schwester ...), ...bin mehr wert ... Mädchen, Frauen sind zu Betreuung, Schutz und Wärme da ... Mädchen sind gemein ... ich muß mich wehren ... meine Schwester ist mir überlegen ... klüger, fleißiger, leistungsfähiger ...

Pädagogische Ideen:
Geschlechter gleich bewerten, keine rollentypische Hobbys und Verhaltensweisen einschleifen lassen. Prüfen Sie: Ist der Sohn der Liebling der Eltern? Verhindern, daß er als selbstverständlich einfordert, von der Schwester versorgt zu werden. Auf Verwöhnungstendenzen gefaßt sein und bewußt dagegen steuern: z.B.: „Folgen wirken lassen!" Bewußt Verantwortung eintrainieren und zu Selbständigkeit befähigen. Er darf nicht meinen können, daß er durch sein Geschlecht bevorrechtigt ist.

Vater: Ein Pärchen, das fand ich ideal. Und jetzt streiten die beiden, es ist zum Weinen. Sie sind wie Kund und Katz!. Immer sollen wir schlichten! Dauernd Streß, „Marcel (5) hat mich geboxt“, „Mimi (9) hat mir die Legos versteckt.“ Was haben wir falsch gemacht?

Cornelia Goethe 1750–1777, Schwester des Dichters
Sie ist ein Jahr jünger als Johann Wolfgang und derart stark bezogen auf ihn, daß sie depressiv wird und keine sie zufriedenstellende Einstellung zu Ehe, Partnerschaft und Sexualität und der Randrolle der Frau in der damaligen Gesellschaft findet.

Goethe-Biograph R. Friedenthal schreibt: „Ganz eng hat er sich nur nach den Zusammenstößen mit der ‚rauhen Welt', an seine Schwester angeschlossen, die ein Jahr jüngere Cornelia. Bis in die Leipziger Studentenjahre ist sie seine einzige Vertraute, Gefährtin, seine Liebe. Das hat lebenslänglich nachgewirkt, auch auf seine Liebesbeziehungen. Das Schwesterbild hat ihm immer vorgeschwebt, bewußt – er verwendet das Wort oft, besonders der Frau von Stein gegenüber – und unbewußt. Gestaltet in der Dichtung hat er diese so innig geliebte Schwester ebensowenig wie seine Mutter ... Sie hätte eine Äbtissin werden sollen, meinte Goethe später ... Der Gedanke, sich einem Mann hinzugeben, war ihr widerwärtig. Sie war gefühlvoll und frigide, eine nicht seltene und sehr unglückselige Kombination ... die Liebe zum Bruder war die einzige, die ihr gegeben war, denn da war Sicherheit vor der verhaßten Sinnlichkeit ... es ist auffällig, wie viele seiner Geliebten die gleiche Veranlagung aufwiesen wie Cornelia ..."

(Zitiert nach R. Friedenthal: „Goethe Sein Leben und seine Zeit", Band 1 dtv 518, Seite 26f)

Goethe: „Wir (Cornelia und Wolfgang) waren nach meiner Rückkunft von der Akademie unzertrennlich geblieben, im innersten Vertrauen hatten wir Gedanken, Empfindungen und Grillen, die Eindrücke alles Zufälligen in Gemeinschaft ..."

(Zitiert nach U. Prokop: „Die Melancholie der Cornelia Goethe", in: „Schwestern berühmter Männer", Insel Taschenbuch 796, Seite 52)

→ Cornelia Goethe wird mit ihrer Frauenrolle nicht fertig. Sie leidet lange, bis sie, noch jung, stirbt. Ein tragischer Fall. Der enge Altersabstand hat sie besonders stark aneinander gebunden: Die Frau ohne Chance auf Selbstbestimmung und Anerkennung, obwohl sie als Kind sicher gespürt hat, daß sie ihrem Bruder gewachsen oder gar überlegen war. Doch er durfte sich bilden, sie nicht ... Blieb einem Mädchen mehr übrig, als sich mit dem gebildeten Bruder zu identifizieren? Andere Männer bedeutete unterordnen, minderwertig sein; kein Wunder, daß sie sich nur sträubend und halbherzig in die gesellschaftlichen Konventionen fügte.

Gibt es den idealen Altersabstand unter den Geschwistern?

„Unsere Kinder haben wir im Abstand von jeweils einem guten Jahr. Da wachsen die Kinder schön miteinander auf, und für uns ist die Sache auch schön kompakt, eigentlich praktisch."

„Drei Jahre Abstand finde ich gut. Da versteht das erste Kind schon viel, es war lang genug im Mittelpunkt, jetzt läßt es sich in die gemeinsame Betreuung des neuen gut einbauen. Sie sind sich wenig Konkurrenz, aber bald gute Freunde."

„Sechs Jahre Abstand ist zuviel!"

Wie ich das erlebte

Wie haben Sie selbst Ihre Situation erlebt? Wieviel Jahre Abstand bestehen zu Ihren Geschwistern? Haben Sie dem je schon einmal Bedeutung beigemessen? Welche? Nennen Sie die positiven, danach die negativen Seiten. Bitte erinnern Sie sich auch an die jeweiligen Gefühle. (Zusatzfrage: Wie ist das heute? Was hat sich gefühlsmäßig verändert?) Welchen Abstand halten Sie für günstig?

Ohne einen „Glaubenskrieg“ auslösen zu wollen, sei auf einige Erfahrungen verwiesen:

- Sehr geringer Altersabstand, gemeint ist weniger als 18 Monate, führt zu besonderen Effekten: Die Kinder werden als Pseudo-Zwillinge beschrieben. (Siehe nachfolgendes Teilkapitel)
- Die wichtigsten Jahre der Persönlichkeitsentwicklung sind die ersten sechs, sieben Jahre, wie bereits in Kapitel 2 gezeigt: Es ist für die soziale Entwicklung bedeutsam, ob das Kind in dieser Zeitspanne erlebt, daß es ein (oder mehrere) Geschwister bekommt. Geschwister mit mehr als etwa sieben Jahren Abstand werden zunehmend außerhalb dieser Entwicklung erlebt, können daher nicht in diese wichtigen Prozesse eingreifen bzw. wirksam werden.

Geschwister beeinflussen ein Kind nur dann nachhaltig, wenn sie in diesen ersten grundlegenden Jahren in sein Leben treten! So können Eltern mit zwei Kindern (4 und 12) zwei Einzelkinder haben! Eltern mit drei Kindern (2, 4, 12) haben es dann mit einem Einzelkind (12), einem „Ältesten“ (4) und Jüngsten zu tun. Dazu Näheres in Kapitel 7!

Wichtige Zeiträume

So verdeutlichen Sie sich den Geschwistereinfluß: Mit einer einfachen Graphik können Sie sich zeigen, wie stark Kinder – zumindest theoretisch – aufeinander bezogen sind und sich beeinflussen:

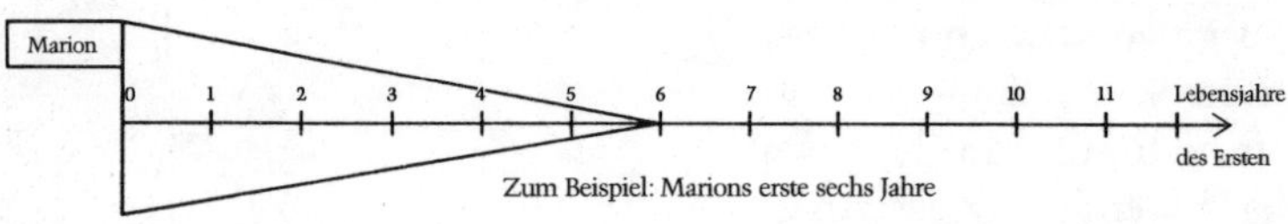

Zum Beispiel: Marions erste sechs Jahre

Zunächst zeichnen Sie, wie gezeigt, einen Zahlenstrahl bis ca. 15 Jahre. Jede Zahl bedeutet ein Lebensjahr des ersten Kindes. Dann tragen Sie die ersten sechs Jahre in Form eines Dreiecks ein. Die ersten sechs, sieben Jahre sind die entscheidenden Jahre, dort werden alle wichtigen Grundmeinungen gebildet und der typische (Verhaltens-)Stil entwickelt, um etwas zu erreichen. Danach tragen Sie ein gleichgroßes Dreieck dort ein, wo *im Leben des ersten Kindes* das Geschwister geboren wird:

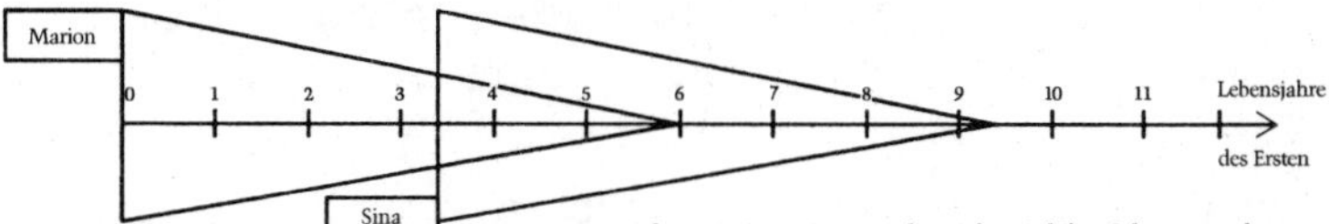

Zum Beispiel: In Marions viertem Lebensjahr wird ihre Schwester geboren.

So zeigen Sie sich, wie die beiden sich gegenseitig beeinflussen. Marion wird bis zum vollendeten neunten Lebensjahr intensiv auf Sinas Sicht der Welt, der Mitmenschen und der Sicht der eigenen Person Einfluß haben! (Beschrieben ist das im dritten Kapitel.)

Die nächste Graphik zeigt, daß Kinder im Abstand von über sechs Jahren in ihrer Charakterentwicklung nicht mehr so stark aufeinander einwirken! Sie entwickeln sich eher wie zwei Einzelkinder! Das bedeutet: Die gerade eben gelesene Aufstellung für die Zwei-Kinder-Familie können Sie *nicht* für Kinder mit größerem Abstand (ab sechs, sieben Jahren etwa) anwenden! Und noch ein sicherer Trend: Je geringer der Altersabstand, um so wahrscheinlicher wird, daß alle Angaben zu Rivalität und Konkurrenz sich erheblich verschärfen. Die Gefahr, daß solche Kinder ichbezogen handeln, oft durch zu starke Orientierung entmutigt sind und sich gegenseitig feindlich bewerten, steigert sich deutlich!

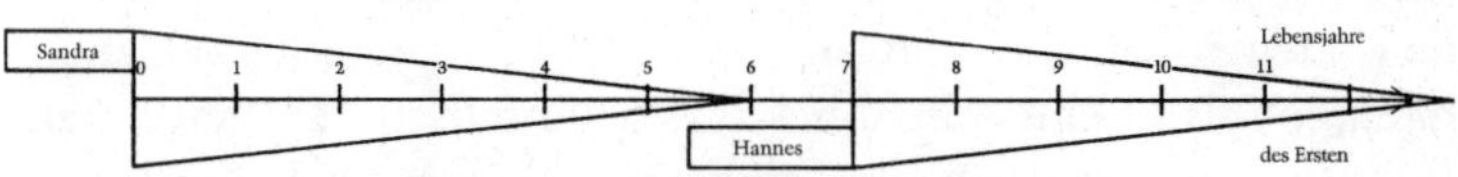

Zum Beispiel: Sandra und Hannes sind zwar zwei Geschwister, aber psychologisch ähneln sie Einzelkindern viel stärker als Ältester und Jüngerem Bruder einer Schwester.

Trotzdem kann die Frage nach dem günstigsten Altersabstand nicht eindeutig beantwortet werden, weil Eltern mit partnerschaftlichem Erziehungsverhalten, auch *mit dem Wissen* um die Gefährdungen und Chancen der jeweiligen Abstände, vieles verhindern können; gerade wenn sie „voll" hinter ihrer absichtlichen Wahl des Altersunterschiedes stehen!

Kinder mit besonders geringem Altersabstand: Pseudozwillinge

Dem Begriff Pseudozwillinge, den ich zum ersten Mal bei Martensen/Larsen-Sorrig las, mag ein negativer Unterton anhaften. Dies ist nicht beabsichtigt.

Weisen zwei Kinder einen Altersabstand von weniger als 18 Monaten auf, entwickeln sie sich merklich anders als jene mit größerem Altersabstand. Weil sie nun ähnlich eng aufeinander bezogen sind wie Zwillinge und später oft auch fast gleich groß, manchmal gar gleich angezogen sind, hielt sich der genannte Begriff für diese „unechten Zwillinge". Es scheint einen Trend zu geben, die Kinder in einem recht kurzen Abstand bekommen zu wollen. Schauen Sie sich mal in Ihrem Bekanntenkreis oder in der Gemeinde um!

▶ Allgemeines

Die beiden sind so eng mit ihrer Entwicklung beieinander, daß sie sich leicht *vergleichen* können: sie erleben sich praktisch als „gleich alt", aber eben – und das ist ungünstig – nicht gleich! Sie sind es ja auch nicht! Sich als „gleich alt" erlebende Kinder leiden unter den erlebten Schwächen, fühlen, daß Vorsprünge und Überlegenheit nicht sicher sind, sondern stetig in Frage gestellt und bekämpft werden. Der geringe Altersabstand kettet die beiden aneinander, nur schwer wird es ihnen gelingen, sich unabhängig – also ohne Seitenblick auf den andern – zu entwickeln. Vergessen Sie nicht: Die beiden kennen es (fast) nicht anders! Sie meinen, dieses absolute Bezogensein sei „normal", Leben ist „eben so". Weil sich Pseudozwillinge in vielen Bereichen des Menschseins früh von unsichtbaren Fäden aneinander gebunden fühlen und gleichzeitig wegen der Ungleichheit (16 Monate Reifeunterschied ist z.B. für einen Dreijährigen viel), Unterschiede wahrgenommen werden, wird oft der „Ellenbogen" zum wichtigen Körperteil. Nur Eltern, die dem gezielt vorbeugen, können die Weichen hin auf eine wesentlich weichere, partnerschaftliche Beziehung stellen. Nur so könnten sich die beiden aus dem beengendem Konkurrenz- und Rivalitätserleben befreien.

Wenn Sie die Geschwister der Zwei-Kinder-Famile als Pseudozwillinge einstufen müssen, dann können Sie davon ausgehen, daß die Inhalte zu den Geschwisterpositionen eins bis acht, die Folgen und Auswirkungen von Rivalität und ichbezogenem Verhalten, viel wahrscheinlicher als bei größerem Altersabstand eintreffen.

■ Sehen Sie die Fortschritte beider Kinder bewußt; „wissen" Sie, daß Erwachsene „gern" die Leistungen des Jüngeren eher sehen! „Erspüren" Sie die individuellen Unterschiede der beiden und „lenken" Sie die Zuwendung so, daß sie sich als eigenständig fühlen können und sich nicht stets miteinander messen (müssen). Die krampfhafte, „reflexartige" Bezogenheit verhindern bzw. abbauen! Erkennen: Durch „automatisches" Besetzen freigebliebener Bereiche (Hobbys, Interessen, ...) läßt ein Kind vielleicht einige Begabungen brach liegen.

■ Deutlich machen: Unterschiede zwischen den Geschwistern entstanden nicht wegen des Geschlechts: es ist falsch, sich daher als starkes bzw. schwaches Geschlecht zu sehen und Rechte, Bevorzugung bzw. Unterwürfigkeit oder Minderwertigkeit davon abzuleiten → Konsequente Gleichwertigkeitserziehung!

Kapitel 5:
Drei Kinder – Wo ist da der Unterschied?

Geschwisterbeziehung in der Drei-Kinder-Familie

Sind Älteste mit einem Geschwister anders, als solche mit zwei oder drei Geschwistern? Wird Sandra (4) sich merkbar ändern, wenn sie zu ihrem kleinen Bruder (2) in wenigen Monaten ein weiteres Geschwister bekommt? Sie haben Ihre Erfahrungen, wie schätzen Sie die neue Lage für Sandra ein? Wie wird sie reagieren?

Aus dem vorigen Kapitel erfuhren sie auch, daß der Altersabstand ab und zu bei einigen Kindern eine Rolle spielt. Erscheinen die neuen Geschwister innerhalb der so prägenden ersten sechs, sieben Jahren, dann können Sie praktisch davon ausgehen, daß das Neue, ob es das zweite oder dritte ist, mag zweitrangig sein, dem Ältesten „zu schaffen macht"! Vielleicht eignet das Erste sich als „mein Baby" ein und baut allmählich eine „Front" gegen das Mittlere auf.

Möglicherweise verschärft sich dadurch die Rivalität mit dem jetzt mittleren Kind, das sich seinerseits benachteiligt fühlt und aus der Koalition der „Freunde des Jüngsten" (dazu gehören ja auch die Eltern und andere Verwandte) ausgestoßen fühlt. Natürlich spielt auch das Geschlecht aller beteiligten Kinder – in manchen Familien – eine größere Rolle, als dort geahnt wird.

Thea hat eine Schwester; entwickelt sich die Große anders, wenn das dritte Kind ein Junge wird? Hat es die Älteste schwerer oder leichter in einem Drei-„Mädel"-Haushalt?

Sie sehen bereits: Ältestes ist nicht von vornherein gleich Ältestes! Die allgemeinen Erfahrungswerte aus Kapitel 1 brauchten die Ergänzungen aus Kapitel vier. Doch durch die neue Dynamik eines einzigen Neuzugangs verändern sich die Kräfte möglicherweise so stark, daß weitere Ergänzungen sinnvoll sind. Die nachfolgende Übersicht stellt die drei miteinander in Beziehung lebenden Geschwister nebeneinander. Alle versammelten Fakten beeinflussen sich gegenseitig und sind stets im Zusammenspiel (wie mit unsichtbaren Fäden verbunden) zu verstehen! Lesen Sie die Übersicht zu den Dreier-Gruppen stets auch „quer".

Es gilt, was schon für die letzte Übersicht notiert ist: Die aufgelisteten Fakten sind meist im Telegrammstil und beziehen sich mehrfach auf Inhalte von Kapitel zwei und drei: Dieses Zeichen bedeutet: Ist genügend Gemeinschaftsgefühl entwickelt und erlebt das Kind Ermutigung, erweist sich dies auf folgende Weise als günstig. Die dunkle Wolke ( ) weist Sie auf Entmutigungsgefahr, auf die Sie sich einstellen sollten und der Sie vorbeugen könnten. Der Begriff „Nahziel" wird im Kapitel 7 beschrieben, er gehört zum Nahziel-Konzept von *R. Dreikurs*. Mit den Grundmeinungen (Näheres Kapitel 2) können Sie in Problemsituationen das Modell von Graphik 1 benützen (Beachten Sie die Tips Seite 58). So können Sie Ihr Kind besser verstehen und verständnisvoll handeln!

Richard von Weizsäcker, ehem. Bundespräsident (Ältester Bruder, der Physiker und Philosoph C. F. v. Weizsäcker, +8, Schwester +4, Bruder +3) Ein Religionslehrer beschrieb den Grundschüler Richard so: „Ich habe rasch den aufgeweckten intelligenten, witzigen, ja schlagfertigen und erstaunlich urteilsfähigen Jungen lieb gewonnen."

(In „Filmer/Schwan: „Richard v. Weizsäcker, Profile eines Mannes", Düsseldorf-Wien 1984, Seite 21)

„Als ich sieben Jahre alt war, 1927, zogen meine Eltern nach Berlin. In der Familie herrschte das schwäbisch-geistige Element vor. Ich war der Jüngste und hatte Probleme, um mich gegenüber den drei Älteren zu behaupten. Da kam mir Berlin zu Hilfe. Als erster und einziger in der Familie lernte ich berlinerisch sprechen ..." Mit kessen Berliner Sprüchen belustigte er die Familie ... und half ihnen über manches kleine „Verständnisproblem".

(Zitiert nach: „R. Weizsäcker", Rowolths Bildmonographien 479, Seite 13)

Als Jüngster, mit drei Jahre älterem Bruder: Sein Eifer und Ehrgeiz, die Schrittmacher der Größeren, sie halfen ihm vielleicht dabei, daß er die dritte Klasse überspringen konnte …
→ Gewecktes Gemeinschaftsgefühl wie in Kapitel 2 beschrieben und viel Ermutigung, ließen den kleinen Richard trotz kluger Köpfe in der Familie zuversichtlich die „Sachen" in die Hand nehmen. Wäre er je Berliner Bürgermeister geworden, wenn ihn nicht eine so warme Gefühlsbeziehung und die Erinnerung an Erfolg in der Kindheit mit dem Berlinerischen Wesen verbunden hätten?

Älteste mit zwei Schwestern 9

Mögliche Eigenschaften:
Konkurrenzbewußt, setzt gezielt Altersvorsprung, Stärke, Intelligenz ein, um Machtposition zu sichern; oft tüchtig, hat Verantwortung für die Kleinen; denkbar, daß sie sich durch die Entthronung stärker dem Vater zuwendet, da sie sich von Mutter im Stich gelassen fühlt; autoritätsbewußt wirkt sie stark und unabhängig; gut angepaßt, brav, verleugnet sie Gefühle (Liebe, Wut auf Geschwister, Mutter).

Grundmeinungen, die ev. das Verhalten bestimmen:

Ich bin nur wertvoll, beachtet, anerkannt, wenn ich brav bin, mich zurückhalte ... Vater ist auf meiner Seite, er mag mich ...

Gutes Selbstbewußtsein bei erfolgreichem Kampf mit Mittleren: dies motiviert zu Leistung, Pflichterfüllung, Vertrauen in Können und Zukunft; soziales Verhalten, Verantwortungsbewußtsein.

Entthronungserlebnis, Überforderung durch Eltern, wird zur „Ersatzmutter", wodurch sie sich auch benachteiligt fühlt.

Worauf Sie achten sollten:

Nicht die Rolle der Hilfsmutter oder die traditionelle weibliche Rolle geben; eine von den Schwestern unabhängige Entwicklung ermöglichen, keine Sonderrechte, -pflichten.

Mittlere mit zwei Schwestern 10

Mögliche Eigenschaften:
Oft unzufrieden, „beleidigt", eifersüchtig, rebellisch: Weder die zuverlässige Große noch die Kleine (Süße, Lustige): sie kämpft um ihre Bedeutung, eingeklemmt und bedrängt von den beiden. Fühlt sie sich „ständig" benachteiligt (ohne die „Rechte" der Großen und „Vergünstigungen" der Kleinen) und nicht dazugehörig? Isoliert sie sich, träumt, verliert den Draht zur Realität?

Grundmeinungen, die ev. das Verhalten bestimmen:

Ich werde abgelehnt ... benachteiligt ... ausgestoßen ... man gibt mir nicht, was mir zusteht ... ich bin schlecht, schwächer als ... überflüssig ... ich bin anders als die Schwestern ...

Erleben: Ich bin okay (durch partnerschaftliche Erziehung).

Erlebnis, nicht dazuzugehören, nicht beachtet zu werden, Besetztsein der weiblichen Rolle (durch ihre Schwestern) ...

Worauf Sie achten sollten:

1. Wirken Sie dem Trend, die Mittlere zu „übersehen", bewußt entgegen! 2. Helfen Sie ihr, daß sie die von ihr gewünschte Abgrenzung von den Geschwistern durch *sozialbezogenes* Verhalten erreicht; sie braucht eine positive Identität. 3. Oft übernimmt die Mittlere die noch freie männliche Rolle. Günstig: Helfen Sie ihr zu einer Persönlichkeit, in der sog. weibliche und männliche Qualitäten enthalten sind.

Jüngste mit zwei älteren Schwestern 11

Mögliche Eigenschaften:
Vielbeachtet, versorgt; als „kleines Mädchen" wird sie eher schwächlich, unselbständig, anlehnungsbedürftig; als Jüngste kann sie sich aber auch eigenständiger entwickeln; möglich: Rivalität mit Mittleren (will sie übertreffen), Verbündung mit „Großer" (die zur Helferin, Mentorin, Leitbild wird); Rollen: „Lieblingskind", „Nest-häkchen"; Verwöhnungsgefahr: Oft ist sie quirlig, liebenswürdig und risikobereit.

Grundmeinungen, die ev. das Verhalten bestimmen:

Ich bin etwas Besonderes ... muß im Mittelpunkt stehen ... mein Wunsch ist euch „Befehl" ... ich bin die Kleine, Dumme, Schwächste ... werde nicht ernstgenommen ...

Viel Aufmerksamkeit bei Fortschritt, Mittelpunktstellung

Erlebnis des Kleinseins; ohne Hilfe nicht okay zu sein (aufgrund von Verwöhnungstendenzen).

Worauf Sie achten sollten:

Ermutigungsstrategien einsetzen (Kapitel 7), Rivalität zur Mittleren vorbeugen, der Abhängigkeitsbeziehung" (Helfer/in – Hilfsbedürftige/r) entgegenwirken.

Mögliche Eigenschaften:
Verstärkte Übernahme von Versorgungsfunktionen für Geschwister (Hilfe, Verantwortung); erlebt den Druck der Vorschriften und Erwartungen; ichbezogenes Verhalten, bei starker Rivalität zur Schwester.

Grundmeinungen, die ev. das Verhalten bestimmen:

Ich muß für andere da sein, sie beschützen ... dann bin ich beachtet, geliebt ... das überfordert mich ... meine Schwester ist mir überlegen,, schöner ... als Mädchen (Frau) ist man weniger wert wie als Junge (Mann) ...

Verantwortungsgefühl, Sinn für Ordnung, Organisationstalent, Mitgefühl für Schwächere.

Einseitige „Ausrichtung" auf traditionelle Frauenrolle: Mutter, Versorgerin: meist fern der eigenen Gefühle (die sie nicht zeigen und erleben darf), Interessen oder Begabungen.

Worauf Sie achten sollten:

Verhindern, daß sich die Große zu stark auf die weibliche Rolle des Versorgens beschränkt! „Bravsein" neu definieren; auch mal nicht funktionieren dürfen, wenn es den eigenen Bedürfnissen und Einstellungen entspricht; lernen, zu eigenen Gefühlen stehen dürfen; Bezogensein auf die beiden andern „auflockern" und eigenständige Entwicklung begünstigen.

Mittlere Schwester (mit älterer Schwester und kleinem Bruder) 13

Mögliche Eigenschaften:
Wie und wann erlebt sie die Entthronung durch den (Wunsch-)Sohn? Fühlt sie sich als „Übersehene", wird sie mit Nahziel-Verhalten (Kapitel 7) auf sich aufmerksam machen. Tritt sie in Konkurrenzkampf mit dem Bruder? Dann sieht sie sich im Zweifrontenkampf; tendiert zu „Verzweiflungstaten" ...

Grundmeinungen, die ev. das Verhalten bestimmen:

Ich werde nicht ernstgenommen (wie früher) ... nichts ist im Leben sicher, plötzlich kommt die Enttäuschung ... werde benachteiligt, im Stich gelassen ... ich muß kämpfen, um beachtet zu werden ...

Mögliche positive Grundmeinungen aus der Rolle der „Jüngsten" können, in wohlwollender Atmosphäre weiterwirken; eventuell gute Beziehung mit der Großen.

Das Erleben des Übersehen-Werdens, der Bevorzugung des neuen Jüngsten.

Worauf Sie achten sollten:

Die besondere „Gefährdung" des Mittleren als Gegebenheit betrachten; dem Kind die „Sorgenkind"-Rolle ersparen; seine „Wichtigkeit" aufzeigen, eigenständige Entwicklung ermöglichen, Bedeutung als wichtiges Glied der Familie unterstreichen. Dies gelingt durch partnerschaftliches Erziehen (Kapitel 7).

Jüngster Bruder (mit zwei älteren Schwestern) 14

Mögliche Eigenschaften:
Ist er der ersehnte Sohn? Dann wird er eine Sonderrolle einnehmen, Gefahr: durch Verzärtelung unselbständig, anlehnungsbedürftig werden; wird er besonders gefördert, zeigt er sich selbstbewußt in seiner „Einmaligkeit" als Junge. Wegen seiner Sonderrolle entwickelt er zu Hause wenig „Ellenbogen", was ihm außerhalb der Familie Probleme bringen kann (weil er vielleicht ein „weiblicher" Junge ist). Lernt viel von den Geschwistern → kontaktfähig, liebenswürdig, „Kann's mit Mädchen". Da er oft auch wenig selbst leisten muß, zeigt er kein solides Arbeitsverhalten, eher sprunghaft, für Neues offen.

Grundmeinungen, die ev. das Verhalten bestimmen:

Ich bin als Junge etwas Besonderes ... man beachtet mich/muß mich ernstnehmen ... ich habe, als Junge (!) keine Chance gegen Mädchen ... bin unterlegen ... auf mir lasten besondere Erwartungen, erfülle ich die nicht, werde ich nicht geschätzt ...

Erleben der besonderen Zuwendung, Mittelpunktrolle, vielfältige Ansprache, Förderung durch viele (wohlwollende) Schrittmacher.

Zuviel Behütung und Fremdbestimmung; geringer Altersabstand zur Mittleren: scharfe Konkurrenz, die ihn als Jüngeren, oft als unterlegenen Teil sieht.

Worauf Sie achten sollten:

Gleichwertigkeit der Geschlechter anstreben; der Junge darf nicht meinen, daß er aufgrund seines Geschlechts soviel Zuwendung bzw. „Druck" (durch Mittlere) erhält bzw. ihm soviel „durchgelassen" wird.

Älteste Schwester (mit jüngerem Bruder und kleinem Bruder) 15

Mögliche Eigenschaften:
Selbstbewußt, resolut versteht sie es meist, mit den Brüdern gut umzugehen und sich durchzusetzen. Sie hat erlebt, wie ihre Position als Älteste bedroht wurde und ist machtbewußt geworden. Meist zeigten sich die Brüder als unselbständiger und hilfsbedürftig. Ist sie „sogar der beste Junge"? Oder die „Ersatzmama", beschränkt auf die weibliche Rolle?

Grundmeinungen, die ev. das Verhalten bestimmen:

Ich kann mich durchsetzen, bin die Starke, Brave, Zuverlässige, … Mutters rechte Hand … Buben sind … beliebter … wertvoller … schwächer … unselbständiger … ich werde überfordert, da ich immer die Anführerin, die Reife und Vernünftige sein muß, um geliebt zu sein …

Sie erlebt, die Vertraute von Mutter (ev. Vater) zu sein; selbständig, Reife; leistungsbereit, ehrgeizig.

Folgen der Entthronung und des Zurückgesetzseins … eventuell durch höhergeschätzte Brüder. Geringere Entfaltungsmöglichkeiten, beschränkt auf die weibliche Rolle.

Worauf Sie achten sollten:

Wie verbissen ist die Beziehung zwischen den ersten beiden, als das dritte geboren wurde? Ist der Kleine „ihr" Kind? Durchschauen Sie die Machtspielchen und setzen Sie als Befriedungselement Impulse aus der partnerschaftlichen Erziehung ein.

Mittlerer Bruder (mit großer Schwester und kleinem Bruder) 16

Mögliche Eigenschaften:
Erlebt er sich als ersehnter Sohn, dem eine wohlwollende Atmosphäre die ersten Jahre versüßt? Die Schwester könnte bei drei, vier Jahren Abstand zur Aufpasserin werden, doch Konkurrenz wird es weniger geben; diese Gefahr entsteht eventuell durch den Jüngsten, der ihn entthront; dann wird es schwerer, einen Platz zu finden zwischen der Großen, der er oft nicht das Wasser reichen kann und dem Jüngsten, auf den die Eltern besonderes Augenmerk haben: Unsicherheit, Nahzielverhalten, Selbstzweifel.

Grundmeinungen, die ev. das Verhalten bestimmen:

Ich bin geliebt ... Buben sind wertvoller als Mädchen ... gemeinerweise sind Mädchen den Buben überlegen ... ich bin nicht so beliebt, fröhlich, locker ... wie der Kleine ... die andern übersehen mich ... wollen mich nicht dabei haben ...

Anerkennung, Liebe, Zuwendung (für den ersehnten Sohn) bringt Urvertrauen und Zuversicht in die eigene Person.

Entthronungserlebnis; Konkurrenz mit dem Kleinen; Erfahrung: Schwester ist mir überlegen: Ich bin kein richtiger Junge (denn sonst würde ich mich durchsetzen!)

Worauf Sie achten sollten:

1. Dafür sorgen, daß der Mittlere nicht unter die Fuchtel der Großen gerät, daß er eine eigenständige, auch nicht nur durch die männliche Rolle gekennzeichnete Entwicklung nehmen kann. 2. Unterbinden Sie Vergleiche, auch positive! 3. Der Rivalität mit Bruder durch Stärkung des Gemeinschaftsgefühles begegnen: Gemeinschaftliches Miteinander („alle in ein Boot setzen").

Mögliche Eigenschaften:
Siehe auch Jüngster Bruder eines Bruders (Kapitel 4); aufgeschlossen, kreativ, unternehmungsfreudig, profitiert von den verschiedengeschlechtlichen Schrittmachern: dadurch geschickt in sozialen Kontakten; dies wird eingeschränkt durch: Verwöhnung und Rivalität zu Mittlerem.

Grundmeinungen, die ev. das Verhalten bestimmen:

Ich bin geliebt, etwas Besonderes ... stehe im Mittelpunkt ... mein Wunsch ist euch Befehl ... ich kann Fortschritte machen ... die andern müssen für mich ... ohne Hilfe bin ich nicht(s) ...

Erleben des Geschätztseins, viele positive Schrittmacher.

Verwöhnungserleben; starke Rivalität.

Worauf Sie achten sollten:

1. Helfen Sie ihm zu eigenständigen Erfahrungen. Keines soll eine Machtrolle über den andern ausgestalten dürfen. 2. Fordern Sie von Ihrem Jüngsten nützliche Beiträge für Ihr Familienleben und erwarten Sie, daß er dies ordentlich verrichtet.

Älteste Schwester (mit jüngerem Bruder und kleiner Schwester) 18

Mögliche Eigenschaften:
Selbstsicher, resolut, fürsorgliche Schwester, liegt vor der Geburt der Kleinen wohl im Clinch mit dem Bruder; der Reifevorsprung gibt ihr Erfolgszuversicht; wird der Bruder wegen seines Geschlechts bevorzugt oder ist beliebter, reagiert sie ev. mit größerer Rivalität, Verstärkung weiblicher Züge oder Übernahme männlicher Rollen; auch Verbündung mit der Schwester möglich.

Grundmeinungen, die ev. das Verhalten bestimmen:

Ich bin schneller (klüger, beliebter ...) als Bruder ... als Mädchen bin ich weniger wert ... ich werde ausgenutzt ...

Erleben des Entwicklungsvorsprungs bringt Selbstsicherheit, Vertrauen in eigenes Können und in Fortschrittsfähigkeit.

Die Erfahrung, als Mädchen zweite Wahl zu sein, entmutigt; durch das Erleben der doppelten Entthronung (durch geliebten Sohn und verwöhnter Kleinen) kann, vor allem bei geringe Altersabständen, das Gefühl des Ungeliebtseins, des Ausgenutztseins verstärkt werden.

Worauf Sie achten sollten:

Partnerschaftlich erziehen; verhindern Sie frühe Festlegungen der Kinder auf ihre traditionelle Geschlechtsrolle: erkennen Sie jeweils die Beschneidungen der freien Entfaltung ihrer Begabungen, die dadurch passieren!

Mittlerer Bruder (mit großer Schwester und kleiner Schwester) 19

Mögliche Eigenschaften:
Seine Kindheit wird von der formenden Tatsache bestimmt, mit drei Frauen aufzuwachsen. Wird er „unterbuttert" oder genießt er eine Sonderrolle aufgrund seines Geschlechts? Während ihm die Schwestern zusetzen, verwöhnt ihn oft die Mutter. Wie stark orientiert er sich an den Schwestern? Wie unmännlich fühlt er sich (im Vergleich) zu „echten" Jungs? Oft aber hat er durchaus eigene Identität und kultiviert Methoden, um sich durchzusetzen (jenseits des „Ellenbogen-Einsatzes"). → Er wird als Erwachsener Frauen recht gut verstehen; ist gewohnt, wenig im Haushalt mitzuhelfen → erwartet Sonderrolle. Wie wirkt der Vater als Identifikationsfigur? Schwächlich, ermutigend oder überbetont männlich? Solidarisieren sich die beiden?

Grundmeinungen, die ev. das Verhalten bestimmen:

Ich bin meiner Schwester/meinen Schwestern unterlegen (in ...) ... werde nicht beachtet ... benachteiligt ... nicht ernstgenommen ... als Junge genieße ich (steht mir zu) Vorzüge, Sonderbehandlung ...

Erleben der Besonderheit als Junge, Betonung der männlichen Rolle, Zuversicht in Können und eigenen Wert.

Erleben des Nichtdazuge-hörens", des Andersseins setzt ihn unter Druck; Identitätsprobleme.

Worauf Sie achten sollten:

Der Vater kann dem Jungen durch verstärkte Zu-Wendung Identitäts-Orientierung geben. Das Übergewicht der „Norm"-Setzung durch Mädchen kann durch Gleichwertigkeitserziehung und partnerschaftliche Elemente abgemildert werden.

Jüngste Schwester (mit ältester Schwester und älterem Bruder) 20

Mögliche Eigenschaften:

Als Jüngste könnte sie unbeschwert, gesellig, geachtet und geliebt, aufwachsen; Rivalität könnte durch relativ geringen Altersabstand zum Bruder (Pseudozwilling) entfacht werden, was ihre Gelassenheit schmälert; möglich: sie fühlt sich als Kleinste, Schwächste, Unwichtigste; bedeutsam ist, wieviel Verwöhnung sie erlebt.

Grundmeinungen, die ev. das Verhalten bestimmen:

Ich bin die Schwächste, Dümmste ... alle mögen mich ... ich bin geliebt ... alle sind meine Freunde ... ich bin nichts ohne starke Helfer ...

Die Schrittmacher, soweit sie als „wohlwollend" erlebt werden, können zur Quelle vielfältiger Anregungen werden und das Vertrauen in sich, andere, und das Leben stärken.

Geringer Abstand zu Bruder kann Rivalität schärfen und zur Quelle von Demütigung, Mißerfolg werden; dies wird durch die Verknüpfung mit einer negativen Bewertung der weiblichen Rolle verstärkt.

Worauf Sie achten sollten:

1. Verwöhnungstendenzen wachsam vorbeugen. 2. Rivalitätsbeziehung zu Mittlerem entgegenwirken, in dem sie helfen, daß sich die Geschwister gegenseitig schätzen lernen.

Ältester Bruder (mit zwei kleineren Brüdern) 21

Mögliche Eigenschaften:
Viel Verantwortungs- (für die Kleinen) und Erwartungslast der Eltern; Trend zum Verbünden mit jüngstem Bruder; meist (zu) selbstsicher, (zu) dominierend, in Frage gestellt oder angegriffen. Skrupellos setzt er Gewalt, List ein, um sich zu behaupten. Bei Altersabstand von ca. vier Jahren: weicher (d.h.: weniger verbissen, konkurrenzorientiert, steif, ernst), weil er sich nicht so bedrängt fühlt; entwickelt Führungsqualitäten. Zu Frauen (Mädchen) ist er oft zu hartherzig. Mag starke Vaterfiguren, Qualität und „alles Starke".

Grundmeinungen, die ev. das Verhalten bestimmen:

Als Ältester trage ich besondere Verantwortung (für Geschwister, Familie) ... meine Eltern erwarten von mir Gutes bzw. Leistungen, sonst ... lieben sie mich nicht ... meine Geschwister muß ich „kleinhalten", sonst übertrumpfen die mich ...

Durch Altersvorsprung: Erlebnis des Besser-/Stärkerseins; des Vertrauens durch Erziehende („Der Große kann das.")

Durch Entthronung möglich: Sieht er sich zurückgesetzt oder die Fortschritte der Geschwister stärker beachtet: Konkurrenz, Bedrohtsein.

Worauf Sie achten sollten:

Gemeinschaftsgefühl stärken, um die Rivalität, aber vor allem das Dominieren des Ältesten abzuschwächen. Jedem Kind zu Selbständigkeit verhelfen, dem Großen nicht die oben erwähnten Lasten (Verantwortung, Leistungserwartung) über Gebühr aufbürden.

Mittlerer Bruder (mit zwei weiteren Brüdern) 22

Mögliche Eigenschaften:
Erlebt sich bisweilen als „überflüssig" neben dem tollen Großen und dem süßen, cleveren Kleinen. Welche Strategien, um beachtet zu sein, entwickelt der Mittlere? In eher feindlich empfundener Atmosphäre wird er sich mit ichbezogenen Methoden Geltung verschaffen. Wie lange war er Zweites (bei drei, vier Jahren könnte die Entwicklung wie bei Nr. 8, Kapitel 4 sein), gerät er in Konkurrenz mit dem Jüngsten, erlebt er sich dort gar als „Sieger"? Oder sieht er sich gegen beide zusammenhaltende Brüder im Kampf; ernst, gehetzt, aggressionsbereit (verbal und körperlich).

Grundmeinungen, die ev. das Verhalten bestimmen:

Die offenen Fragen (siehe oben) würden eine sehr widersprüchliche Sammlung ergeben; Sie finden Näherungswerte (Kapitel 1) bei Mittlerem allgemein, da hier die Geschlechtsrolle eine eher geringe Rolle spielt.

Ermutigungsquellen aus Nr. 8 (Kapitel 4) können in wohlwollender Atmosphäre weiterwirken.

Erlebt sich als „zweiter Sieger", als nichtdazugehörig, zurückgesetzt.

Worauf Sie achten sollten:

Zugehörigkeit zur Gruppe stärken und bewußt machen; Selbstwert mehren (ich kann, bin ...); das Erleben des zweiseitigen „Bedrohtseins" „versachlichen" und bei allen Kindern ein Wertgefühl (auch im Bezug zur Gruppe) fördern.

Jüngster Bruder (mit zwei älteren Brüdern) 23

Mögliche Eigenschaften:

Der fröhlichste und „freieste" der Brüder, darf oft seine Wege gehen, geniest die Aufmersamkeit der Großen, ihre Tips und Schrittmacherdienste; oft inkonventionell, humorvoll. Diese Eigenschaften können sich „verlieren" und einer ernsteren Variante weichen, wenn der Jüngste a) zu stark verwöhnt und unselbständig wird (siehe auch Jüngstes, Kapitel 1) oder b) in härteren Wettkampf mit Mittleren gerät. Dann wird er oft als launenhaft, eigensinnig und als wenig effektiv empfunden.

Grundmeinungen, die ev. das Verhalten bestimmen:

Ich bin geliebt, im Mittelpunkt (habe Anrecht darauf) ... muß mir helfen ... das Leben ist interessant, spannend ...

Erleben des Geliebt-, Gefördertseins, der vielen Anregungen, des Fortschrittmachens.

Erleben des Kleinseins, des Kleingehalten-Werdens, Überbeschütztseins, der gängelnden Fremdbestimmung.

Worauf Sie achten sollten:

Eigenständige Erfahrungen ermöglichen; selbständiges Handeln und Entscheiden fördern, Unabhängigkeit ermöglichen.

Ältester Bruder (mit jüngerem Bruder und kleiner Schwester) 24

Mögliche Eigenschaften:
Er weiß um seine Führungsposition, ist verantwortungsvoll, pflichtbewußt, konkurrenzorientiert, meist leistungsbezogen, was von der Rivalität zum Bruder abhängt; fühlt sich zur Kleinen oft hingezogen; geübt im Einsatz von Machtmitteln, kann gut organisieren.

Grundmeinungen, die ev. das Verhalten bestimmen:

Ich bin wichtig, wenn ich meine besondere Stellung beibehalte ... als Ältester muß ich ... mir Ältestem steht zu, daß ... Eltern mögen mich nur, wenn ich sie nicht enttäusche ...

Erleben der besonderen Zuwendung der Erziehenden, durch Erfolg Ermutigung und Vorteile im Vergleich zum Mittleren.

Konkurrenzsituation mit Zweitem → Vorsicht: „Niederlage droht!"

Worauf Sie achten sollten:

Die Konkurrenz und enge Bezogenheit der Brüder durch partnerschaftliches Miteinander abmildern (Kapitel 7), auch um eine große Machtposition und Aggression an Geschwistern zu verhindern.

Mittlerer Bruder (mit großem Bruder und kleiner Schwester) 25

Mögliche Eigenschaften:
Sie hängen von der Klärung folgender Fragen ab: Welche Bereiche, Interessensgebiete sind freigeblieben? Rivalisiert er? Entwickelt er verbale und strategische Techniken (Verhandlungsgeschick, Einfühlungsvermögen, „Streittechniken"), um sich behaupten zu können? Oder fühlt er sich als „Verlierer", nicht „dazugehörend"? Nützt er, freundlich und charmant, den Großen als Schrittmacher? Wie stellt er sich zur Kleinen?

Grundmeinungen, die ev. das Verhalten bestimmen:

Ich bin nicht so gut wie der Große ... keiner mag mich ... ich gehöre nicht dazu ... werde benachteiligt ...

Ermutigungsquellen als Zweiter (Kapitel 4, siehe Nr. 8) können in annehmender Atmosphäre beibehalten oder verstärkt werden.

Konkurrenzsituation mit Großem: Druck, besser zu sein ... „Sandwich"-Position. Wer bin ich? (Identifikationsprobleme).

Worauf Sie achten sollten:

Verhindern, daß er sich durch Konkurrenz mit dem Großen schlechter fühlen könnte, durch die Entthronung der Kleinen völlig an den Rand gedrängt fühlen muß. Kooperatives Miteinander anstreben.

Jüngste Schwester (mit zwei älteren Brüdern) 26

Mögliche Eigenschaften:
Als einziges Mädchen erlebt sie ihre Besonderheit, als Jüngste lebt sie meist unbeschwert, fröhlich, unkonventionell, versteht sie es, ihre brüderlichen Schrittmacher bzw. Beschützer für ihren Entdeckungsdrang zu nutzen; erfährt sie vielfältige Förderung in wohlwollender und ermutigender Atmosphäre. Sie ist freundlich, nachsichtig, taktvoll, ein „liebes Geschöpf". Einschränkung: sie sieht sich in Rivalität zum Mittleren. Weiterer kritischer Punkt: zu starke Verwöhnung: dann wird sie unselbständig, unsicher. Manchmal wird sie auch als Kleine „kleingemacht". Ein weiterer Unsicherheitsfaktor erwächst aus der in der betreffenden Familie herrschende Bewertung des Geschlechts.

Grundmeinungen, die ev. das Verhalten bestimmen:

Ich bin etwas Besonderes … deshalb müssen die andern … alle mögen mich … Leben ist schön … andere sind lieb/nett

Viel Anregung durch Schrittmacher; Erleben der besonderen Position in der Geschwisterreihe.

Verwöhnungsgefahr! Erleben der Rivalität mit Mittlerem, mögliche Minderbewertung des Weiblichen.

Worauf Sie achten sollten:

Der Jüngsten konsequent zu eigenständiger Erfahrung verhelfen; die verständlichen Hilfs-Aktivitäten der Buben stets daran messen, ob sie der Selbständigkeit des Mädchens dienen; Gleichwertigkeitserziehung.

Ältester Bruder (mit zwei jüngeren Schwestern) 27

Mögliche Eigenschaften:
Er ist die sanftere, weniger ehrgeizige „Ausgabe“ von 21. Der Altersvorsprung macht ihn zum Stärksten; mit seiner Körperkraft dominiert er meist die Schwestern; wenig Selbstkritik oder Selbstzweifel, da er seine Sonderrolle als selbstverständlich sieht; schwankt zwischen „echter“ Junge sein und „unechter“ Junge, weil er viele der männlichen Rolle widersprechenden „Ideen des Frauenhaushalts“ gut findet und damit Probleme mit anderen Buben bekommt.

Grundmeinungen, die ev. das Verhalten bestimmen:

Ich bin der Starke ... Bestimmer ... habe Sonderrolle, mir steht daher zu, daß ... die Eltern lieben mich ...

Erlebnis der besonderen Zuwendung, Wertschätzung (als Junge).

Durch das Übergewicht des weiblichen Elements in der Familie: Ich bin kein richtiger Junge (wie andere); durch Entthronung und möglichen Ehrgeiz der Schwester; Verbündung der beiden Schwestern → „Ausstoßung“ aus der geschwisterlichen Gemeinschaft

Worauf Sie achten sollten:

Kindergruppe bewußt partnerschaftlich erziehen, um Gleichwertigkeit von Buben und Mädchen zu erreichen, so daß dem Sohn das Einüben männlich-aggressiver Machtmittel (auch als Abgrenzung zu den Mädchen) verwehrt wird und den Töchtern das Erdulden dieser Aggressionen erspart bleibt.

Mittlere Schwester (mit älterem Bruder und kleiner Schwester) 28

Mögliche Eigenschaften:
Entscheidend ist, wie sie zu der „Sandwich"-Situation Stellung bezieht: Sieht sie sich in Wettkampf mit dem Bruder? Oder „krallt" sie sich die Kleine? Oder versteht sie, durch ichbezogene Verhaltensweisen die Erziehenden auf sich aufmerksam zu machen? Oder wird sie zu Mutters „großer Tochter"? Fühlt sie sich gar „ausgestoßen" aus der Familiengemeinschaft, zu kurz gekommen?

Grundmeinungen, die ev. das Verhalten bestimmen:

Ich bin dem Bruder unterlegen ... schwächer als er ... überlegen ... als Mädchen bin ich besser/schlechter als Buben ... man gibt mir nicht, was mir zusteht ... gehöre nicht dazu ... werde benachteiligt ...

Erleben des Angenommenseins in der Rolle der großen Tochter; dadurch ist eigenständige Entwicklung möglich, was Zuversicht in eigene Möglichkeiten stärkt.

Erleben des Zurückgesetztseins und des Zwischen-den Stühlen-Sitzens. Weibliche Rolle als minderbewertet.

Worauf Sie achten sollten:

Stets prüfen, ob sich die Mittlere „irgendwie" zu kurz gekommen fühlen könnte. Nicht zulassen, daß Unterschiede zum Bruder dem Geschlecht zugeschrieben werden. Konkurrenzsituation in „beide" Richtungen bewußt entschärfen durch Wecken der Sicht für Positives an sich und dem jeweiligen Geschwister.

Mögliche Eigenschaften:
Tendenzen: Verzärtelung durch die „Großen", bei gutem Gemeinschaftsgefühl kann sie sich prächtig entwickeln: gesellig, quirlig, fröhlich, interessiert und klug. In einer Rivalitätsbeziehung zur Mittleren wird sie sich mit den Mitteln der Jüngsten (ev. Mutter als Verbündete) durchzusetzen versuchen.

Grundmeinungen, die ev. das Verhalten bestimmen:

Ich bin im Mittelpunkt ... man liebt mich ... muß mich beachten ... mein Wunsch sei euch Befehl ... ohne Helfer bin ich hilflos ... ich bin die Kleine, Dumme ... bin nicht ernstgenommen ... das Leben ist interessant ...

Erleben des Geliebtseins; im Mittelpunkt stehen, freundliche, stützende und begleitende soziale Umwelt.

Erleben der Kleinheit, Schwäche, des mangelnden Zu- und Vertrauens durch andere.

Worauf Sie achten sollten:

Keine Überbehütung! Erziehung zur Selbständigkeit trotz Geschwistern, die das Kleine betuddeln wollen; eigene Erfahrungen sammeln lassen, Unabhängigkeit ermöglichen. Keine Sonderrolle für die Kleine, einbinden ins Familiengeschehen, konstruktive Mitarbeit ermöglichen! Verhindern Sie Machtbeziehungen eines Geschwisters mit der Kleinen!

Ältester Bruder (mit jüngerer Schwester und kleinem Bruder) 30

Mögliche Eigenschaften:
Liebt Führungsposition, ist verantwortungsvoll, pflichtorientiert bei Altersabstand zur Schwester um die vier Jahre; bei geringerem Abstand spürt er die Fortschritte der Schwester, die ihn unter Leistungsdruck bringen könnte: er verliert Souveränität, wirkt ernster, herausgefordert und spielt bewußt die Macht des Ältesten oder Körperkraft aus; er wird möglicherweise auch das höhere Prestige seines Geschlechts gegen die Schwester einsetzen; dies motiviert zum Bündnis mit dem Kleinen.

Grundmeinungen, die ev. das Verhalten bestimmen:

Ich als Großer werde geliebt, beachtet (, wenn) … mir gehorcht man … Mutter gibt mir nicht, was mir zusteht … ich bin meiner Schwester über-/unterlegen …

Anerkennung für leistungsstarken, „vernünftigen" Großen; Genugtuung, wichtig zu sein und Macht zu haben; Erleben von Fortschritt, Liebe, Wertschätzung.

Entthronung → Vorwürfe gegen Eltern, fühlt sich weniger beachtet, zurückgesetzt, Rivalität mit Schwester, die ihm von der Reife her sehr nahe kommen und ihn überholen kann; Überforderung durch Versorgung der Geschwister (Ersatz-Vater bzw. -Mutter).

Worauf Sie achten sollten:

1. Den Ältesten *Kind* sein lassen, nicht mit Erwartungen überfordern (hohe Erwartungen, Verantwortung für Jüngere). 2. Rivalität, zu starke Bezogenheit zur Schwester abmildern: Vorzüge beider erkennen, aber nicht gegeneinander aufrechnen, Gleichwertigkeit der Geschlechter erleben lassen.

Mittlere Schwester (mit zwei weiteren Brüdern) 31

Mögliche Eigenschaften:
Als einziges Mädchen spürt sie ihre Besonderheit. Sie kann „mittendrin" zur Mittlerin werden, diplomatisches Geschick entwickeln; im Kontrast zum älteren Bruder kann sie die vernünftige, verantwortungsvolle, tolerante werden, die sich auch weniger bedrängt von den Erwartungen der Eltern fühlen wird; mit der traditionellen Frauenrolle wird sie vielleicht Mutters Stütze.

Grundmeinungen, die ev. das Verhalten bestimmen:

Ich bin geliebt, etwas Besonderes ... → weil ich ein Mädchen bin ... ich bin gegen Buben chancenlos ... bin so gut, schlechter wie mein Bruder in ...

Ermutigungsquellen des Zweiten (Kapitel 4, siehe Nr. 6) bleiben in wohlwollender Atmosphäre erhalten; Erfahrung: Fortschritt zu machen, dadurch Anerkennung erreichen.

Entthronungserlebnis durch Jüngstes, mindere Bewertung des Frauseins; Erlebnis, nicht dazuzugehören (zur „Männergruppe").

Worauf Sie achten sollten:

Gleichgewicht unter den Kindern stärken, in dem die Stärken jedes einzelnen ermutigt werden; sie sollen das Besondere, Verbindende jedes einzelnen erkennen, benennen und schätzen können. Das Besondere sollte aber nicht mit den „besonderen Eigenschaften" des jeweiligen Geschlechts begründet werden.

Mögliche Eigenschaften:
Oft der freieste, lustigste, unbekümmertste der Familie; fühlt sich wohl, beachtet und geschätzt, stets ist jemand um ihn, der ihn anregt, Schrittmacher spielt; dies fördert seine Geistesgegenwart, Intelligenz, Eigenständigkeit, Flexibilität und auch Reife. Entwicklungshemmer: Verwöhnung (durch Eltern oder Geschwister), Rivalitätsbeziehung oder Machtbeziehung zur Schwester (vielleicht spielt sie auch „strenge" Ersatzmutter).

Grundmeinungen, die ev. das Verhalten bestimmen:

Ich bin geliebt, geschätzt ... wir können gut miteinander ... die anderen müssen meine Sonderrolle beachten ... ohne starken Helfer bin ich schwach, hilflos ...

Erleben der „sicheren" Liebe und der Mittelpunktstellung; Ermutigung, wenn er durch Beiträge für die Gemeinschaft Erfolg erlebt.

Verwöhnungsgefahr! Erleben einer ungünstigen Rivalitätsbeziehung zur Schwester.

Worauf Sie achten sollten:

1. Eigene Erfahrungen machen lassen. 2. Konsequent zur Selbständigkeit verhelfen und auch die Geschwister zur Mithilfe gewinnen. 3. Beiträge für das Familienleben ermöglichen und dessen Wert unterstreichen. 4. Ein angemessenes Niveau an Leistung erwarten (und ihm zutrauen!).

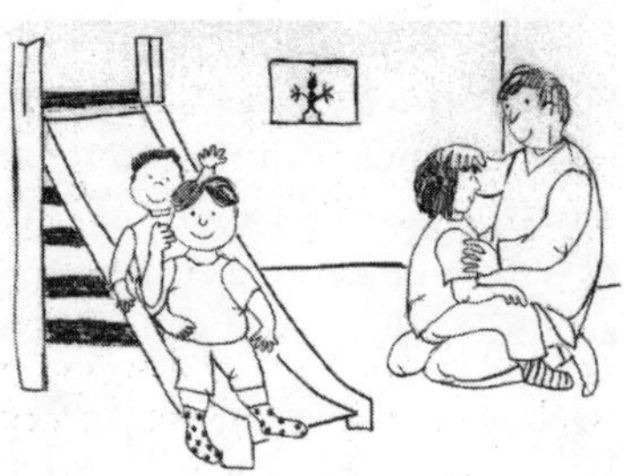

Drei Kinder = 1+1+1 oder 2+1 oder 1+2?

Mathematik in einem Erziehungsbuch? Welch seltsame Formeln! Ich denke, wenn sich jemand ein Buch nur über Geschwisterbeziehung kauft (und auch noch liest!), der läßt sich auch eine kleinere vertiefte Betrachtung der Drei-Kinder-Familie gefallen (vielleicht erwarten Sie das sogar).

Es geht um folgende schlichte Aussage:

Nicht alle Drei-Kinder-Familien lassen sich mit der eben gelesenen Liste beschreiben, manche gehören nämlich gar nicht hier her, sondern zu den Zwei-Kinder-Familien. Das ist keine Spitzfindigkeit!

Wie ist das möglich?

Wiederum hängt dies mit den vielzitierten ersten sechs, sieben Lebensjahren des Kindes zusammen, innerhalb derer der Charakter des Menschen besonders stark geformt wird (siehe dazu die Grundmeinungen, Kapitel 2). Dadurch lassen sich unterscheiden:

▶ *Die „echte“ Drei-Kinder-Familie:*
Im Zeitraum von sechs, sieben Jahren werden *alle drei Kinder* geboren. Ihr gesamter Altersabstand ist größer als anderthalb Jahre und kleiner als sechs Jahre.

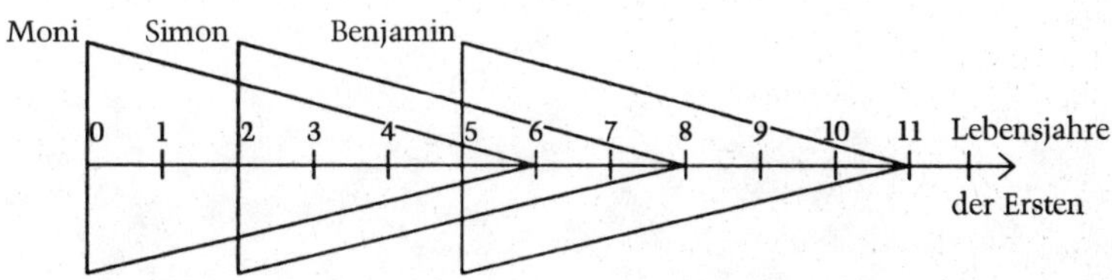

Beispiel: Monis Geschwister wurden innerhalb ihrer wichtigen sechs ersten Lebensjahre geboren.

→ Für diese Kinder ist die obige Übersicht entwickelt worden.

Diese Kinder sich psychologisch weiter oben bei der Zwei-Kinder-Familie beschrieben worden (s. Kap. 1).

– Dem ersten Kind folgt ein Pseudozwillingspärchen, das es viele Jahre als Gruppe erleben wird:

Die beiden Jüngeren finden Sie im Kapitel 4 beschrieben, die Älteste in Kapitel 1.

Variante: Dem Pseudozwillingspärchen folgt nach drei, vier Jahren ein weiteres Kind. Es ist Jüngstes, siehe Kapitel 1.

– Ein Kind hat einen großen Abstand zu den beiden andern, die „normalen" Abstand (3,4 Jahre) haben.

Psychologisch gesehen ist Cynthia ein Einzelkind, gefolgt von einer Zwei-Kind-Gruppe. Irina weist wohl Merkmale einer Ältesten auf (Kapitel 4, Nr. 3). Ina ist Zweite bezw. Jüngste (Kapitel 4, Nr. 5). Bei Tina (15) – Hein (13) – Carlo (4) sind zwei Kinder aus der Zwei-Kinder- Familie (Kapitel 4) und das Einzelkind Carlo.

– Drei Kinder verstreut über viele Jahre: Kasper (17) – Noa (8) – Kaspar (1). Ihre Eigenschaften ähneln denen von Einzelkindern! Sie haben also drei Einzelkinder.

Kapitel 6: Manchmal ist alles anders …

Jedes Kind ist einmalig, es zu verstehen und richtig zu behandeln erscheint daher kaum möglich: Deswegen ist es günstiger, erst gar nicht so zu tun, als ob dies möglich wäre: Seien wir bescheiden, realistisch, aber bemühen wir uns, das in unserer Familie Mögliche zu leisten! Die Wirklichkeit ist vielfältiger, der Alltag läßt noch viele andere Konstellationen entstehen, zu viele, um sie hier abzuhandeln. Wir beschäftigen uns im Folgenden mit Zwillingen und schließlich mit einer immer häufigeren Form der Familie, der Patchwork-Familie! Sie werden dabei entdecken können, daß Geschwister, die solche „unnormale" Situationen erleben (müssen), oft ebenfalls nach jenen Mustern handeln, die wir bereits kennen:

Zwillinge

Kai und Timo trennen gerade zehn Minuten Lebenszeit, sie sind eineiige Zwillinge. Kein Mensch kann auf scheinbar gleiches völlig gleich reagieren: Ein Kind weint zuerst, eines lacht mehr, eines verträgt die Milch nicht … Es bleibt unausweichlich:

Auch diese beiden Kinder beziehen sich aufeinander, erspüren bald Unterschiede. Wenn sie sich gegenseitig beobachten und vergleichen (rennen, reden, beim Essen, beim Geschmust werden, wie die Eltern den einzelnen Verbote erteilen, wie sie verschieden ermahnt werden, wie die Nachsicht verteilt ist …), wenn sie die Reaktion und das Verhalten ihrer Eltern vergleichen: Mama liebkost Timo mehr und länger … Vater nimmt Kai öfters an der Hand, Mama sorgt sich mehr um Timo, wenn er Bauchweh hat, sie verbietet Kai weniger, …

Sie kennen es aus den Grundaussagen von Kapitel zwei und drei: Erfolgreiches Verhalten wird wiederholt, aus wichtigen schmerzhaften und angenehmen Erfahrungen bilden sich die beiden Grundmeinungen, „Wahrheiten" und eine eigenständige „private Logik".

Entwickelt Kai eher aktive Methoden, erkennt man unter Umständen beim anderen eher passive Methoden. Im Verlauf der ersten zwei Jahre kristallisiert sich meist deutlich heraus: Ein Kind verhält sich eher wie ein Ältestes, das andere Kind gleicht öfters einem Jüngsten oder, falls es noch weitere Geschwister gibt, auch möglicherweise einem Mittleren. Manchmal fällt es Zwillingseltern schwer zu akzeptieren, daß Zwillinge, wie erwähnt, die Rolle von Ersten, Mittleren, Jüngsten ... überhaupt übernehmen können! Doch um wirkungsvoller – bei Problemfällen – handeln zu können, lohnt sich die Annahme ganz bestimmt. Und so gehen Sie vor:

Stellen Sie zunächst eine begründete Vermutung auf, welcher Zwilling welche Position eingenommen hat. Lesen Sie dann die allgemeine Übersicht zu den verschiedenen Geschwisterpositionen in Kapitel 1. Stimmen Sie sich bei der Benennung der Geschwisterposition auch mit Ihrem Partner, Ihrer Partnerin ab. Sind Sie unschlüssig, fragen Sie auch noch bei Kapitel 4: Welche Position paßt zu welchem Zwillingskind? Beachten Sie auch, daß Verhaltenstrends bereits in Kapitel 4 zu den Pseudozwillingen aufgezeigt wurden, die ja auch eng miteinander aufwachsen. Mit diesen „Erkenntnissen" werden Sie für Ihre Zwillinge einen recht interessanten „Übersichtsbogen zur Geschwisterbeziehung" (Kapitel 7) zusammenstellen können.

Kinder aus Patchwork-Familien

Durch die Scheidung erleben die Kinder teilweise sehr schmerzhafte Veränderungen und Verluste. Mit der erneuten Heirat erhalten die Kinder plötzlich einen neuen „Elternteil" und ziemlich oft auch noch dessen Kinder als neue „Geschwister" sowie im Laufe der neuen Ehe weitere „völlig" neue Geschwister. Und so sollen sie nun, neu zusammengewürfelt, weiterleben: als Familie, die wie eine Patchworkdecke aus vielen bunten Teilen besteht. Sind Patchwork-Familien für die darin versammelten Kinder eine besondere Belastung oder gar ein erhebliches Hindernis für eine gute seelische und berufliche Entwicklung? Um dies zu klären, lohnt es sich, uns anzuschauen, wie diese Vereinigung zweier „Restfamilien" zu einer neuen Familie die Beziehung aller Kinder („echte" Geschwister sind sie ja nicht alle) in der neuen Familie beeinflußt.

Hier soll der Blick auf Wesentliches (mögliche Entmutigungsquellen und Chancen für eine gute Zukunft) beschränkt sein. Der Alltag ist zu vielfältig, als daß darauf hier eingegangen werden könnte.

Beispiel:
Frau S. heiratete vor zwei Jahren ihren jetzigen Mann. Heute haben sich ihre Kinder, Simone (8) und Ria (5) daran gewöhnt, in einem großen Haushalt zusammen mit ihren „neuen" Geschwistern (Catia 14, Benjamin 7), sie sind die Kinder von Herrrn S.) zu leben. Seit einem Jahr haben die beiden Eheleute auch ein gemeinsames Kind: Oliver. Familie lebt seit zwei Jahren zusammen. Gibt es in Patchwork-Familien überhaupt noch die traditionellen Geschwisterpositionen? Oder gibt es gemäß der zwei Ursprungsfamilien zwei Älteste, zwei Jüngste und aus der neuen noch ein Einzelkind? Haben die Kinder dieser neuen Familie Geschwisterbeziehungen?

Kann plötzlich aus dem Mittleren ein viertes von sechs werden? Oder aus einem Ältesten ein drittes, nur weil es in der Alterstabelle auf Rang drei wäre? Klar, das sind eher theoretische Fragen. Gewichtiger ist die Sorge, ob sie denn überhaupt gut miteinander zusammenleben können, ob „man das schafft". Es gibt ja durchaus häufig Streit. Wo finden wir nun Benjamin? Oder Simone? Oder „gelten" die Inhalte der Kapitel 1, 4 und 5 für die Patchwork-Familien nicht? Die Erfahrung berechtigt zur Gelassenheit! Es entsteht kein Chaos, kein Grund verwirrt und desorientiert zu sein! Im Gegenteil: Mit den Kenntnissen aus den bisherigen Kapiteln schaffen wir auf jeder Patchwork-Decke den

Durchblick und entdecken (sogar) deren Reiz und Schönheit! Ich schlage Ihnen zur Orientierung folgendes Vorgehen vor:

1. Feststellen der Geschwisterposition

Notieren Sie sich für jedes Kind seine Geschwisterposition in seiner Stammfamilie. Im Beispiel sieht das so aus:

Cathia:	Einzelkind
Benjamin:	Einzelkind
Simone	Älteste → siehe auch „Älteste Schwester mit jüngerer Schwester": Kapitel 4, Nr.: 3
Ria	Zweites/Jüngstes → siehe auch „Jüngste Schwester mit älterer Schwester": Kapitel 4, Nr.: 5
Oliver	Einzelkind

– Fragen Sie sich: Welche Kinder sind bei Gründung der neuen Familie noch unter 6 bis 7 Jahre alt?

Auf diese Kinder wirken die neuen Verhältnisse noch besonders prägend (Sammeln von Grundmeinungen, Erproben von günstigen Verhaltensweisen, um vom „Minus" zum „Plus" zu gelangen)!

– Stellen Sie eine neue Tabelle/Graphik für diese Kinder auf (mit 6-7-Jahre-Wirkungsbereich). Wichtig: Das Älteste der in Frage kommenden Kinder wird auf Null gesetzt (im Beispiel ist dies Simone):

Vielleicht läßt sich so eine gewisse Bezogenheit/Einflußnahme der einzelnen Kinder erklären:

Cathia: Die Große ist eindeutig Einzelkind. Weiter fällt auf: Simone und Benjamin könnten in Konkurrenz-Beziehung treten → Sie ähneln dann Nr.: 4 (Ältere Schwester/jüngerer Bruder in Kapitel 4!). Simone, Benjamin und Ria könnten so eng aufeinander bezogen sein, daß für die drei Kinder Kapitel 5 in Frage käme: Simone wäre Nr.: 11, Benjamin die Nr.: 19 und Ria die Nr.: 20. Oliver ist Jüngster (Kapitel 1).

Mit dem Arbeitsbogen in Kapitel 7 können Sie für jedes Kind eine Übersicht erstellen, in dem Sie jene Fakten aus dem angegebenen Kapiteln sammeln, die zum betreffenden Kind passen.

2. Stärken eines jeden ausfindig machen und gezielt „aktivieren"

Mit „Stärken" sind hier Qualitäten eines Kindes gemeint, die dazu genutzt werden könnten, ein Wir-Gefühl zu ermöglichen. Das ist die Förder-Idee:

- Bewußt auf die guten Seiten achten und mit ihnen die Gemeinschaft aller „Patchworkler" zu stärken.
- Ausdrücklich die erkannten Vorzüge wertschätzen, um so die bisherige Kluft zwischen den Ursprungsfamilien zu schließen.
- Zudem werden diese Qualitäten familienöffentlich „benannt". Alle Kinder sollen sie bewußter wahrnehmen. So mildert sich der „feindliche" bzw. kritische Blick. Damit ist der Boden für eine partnerschaftliche Erziehung vorbereitet. Legen Sie zunächst für jedes Kind die positiven „Wir"-Qualitäten fest. Motto: Sie kann, wenn sie will ... Es ist wichtig, bei jedem Kind fündig zu werden! Falls dies Ihnen bei dem einen oder andern Kind schwerer fällt, sehen Sie die Gründe dafür nicht nur beim Kind: Forschen Sie nach: Warum fällt es mir schwer, bei diesem Kind positive soziale Eigenschaften zu erkennen.

Die Stärken unserer Kinder (gemeinschaftsfördernde Eigenschaften):

Kind 1: ______________________________

Kind 2: ______________________________

Kind 3: ______________________________

Kind 4: ______________________________

____

____

Zurück zur Beispiel-Familie S. Das Ehepaar S. wird sich mit den vorgeschlagenen Vorgehensweise Klarheit verschaffen, sie wird in den angegebenen Kapiteln Ideen finden und die speziellen Tips zu Patchwork-Familien am Kapitelende beherzigen. Sie werden wahrscheinlich mit einigen Problemen konfrontiert sein, die in sehr vielen Patchworkfamilien zu beobachten sind:

Häufige „Brennpunkte" in Patchworkfamilien:

– In Stieffamilien gibt es tendenziell ein größeres Ungleichgewicht unter den Kindern, hervorgerufen dadurch, daß Eltern relativ starke Unterschiede machen: deine Kinder – meine Kinder. Kinder erleben dies teilweise stark als Bevorzugung bzw. Benachteiligung, sie sehen das Lieblingskind der Mutter (des Vaters) oder deren Sündenbock und nehmen es persönlich.
→ Die Grundmeinungen dieser „Brennpunkte" beziehen sich auf Kinder, die in besagter Situation unter sechs, sieben Jahre alt sind:

In unserer Familie gibt es zweierlei Kinder bzw. Gruppen: Die für mich sind (ist) und die gegen mich sind (ist).

– Stiefmütter erklären sich ihre etwas kalte, distanzierte Beziehung zu den Stiefkindern damit, daß die leibliche Mutter sich ungünstig in ihrem Verhältnis zum Stiefkind auswirkt.

Die neue Mutter mag mich nicht, hat andere lieber ... benachteiligt mich ... ist gemein ...

– Eine andauernde, oft verbissene Rivalität zwischen den beiden Müttern beeinflußt das Leben in verschiedenen Familien. Die „echte" Mutter argumentiert dann mit „echten" Gefühlen oder Motiven, die jenen der Stiefmutter überlegen seien.

– Stiefmütter neigen dazu, stärker als Stiefväter, zwischen leiblichen und Stiefkindern zu unterscheiden.

– Kinder neigen bewußt zu Verbündungen, wenn in ihren Augen jemand schuld an der Scheidung hat: Bündnis mit der „armen" Mutter: Die „böse Stiefmutter hat Mama verdrängt." Dies verstärkt den Kampf gegen die Stiefmutter.

Mama mag mich, aber ihr wird Böses angetan, schuld ist die böse Stiefmutter ... ich und Mama dürfen nicht miteinander sein, ich bin schlimm dran ... die Stiefmutter ist gegen mich ...

(Vermutung am Rande: Spielen da zwei Frauen „geschwisterliche Rivalitätskämpfe aus ihrer Ursprungsfamilie weiter?)

– Manchmal entwickeln die Eltern der neuen Familie eine recht starke Konkurrenzatmosphäre nach dem Motto: Wer ist der bessere Elternteil, wen lieben die Kinder am meisten?

Ich kann durch meine Bewertung (du bist lieber als Papa, Mama) Macht ausüben ... Mamas (Papas) Stimmung beeinflussen ... sie (ihn) für mich gewinnen ... Spannung erzeugen ...

– Tendieren wirklich viele Mütter, die Probleme mit ihrem Sohn (ihren Söhnen, vor allem in der Pubertät) haben, dazu, sie zum leiblichen Vater (und damit eventuell in eine andere Familie) abzuschieben? Dies drohen sie oft (jahre)lang (vorher) an.

Mamas Zuwendung ist mir nicht sicher ... nur wenn ich ihr gehorche oder meine Wünsche und Bedürfnisse, Gefühle, Interessen verleugne, ist sie lieb zu mir ... nichts ist im Leben sicher ... bin nicht (bedingungslos) geliebt (angenommen).

– Vor allem für jüngere Kinder sind die verwandtschaftlichen „Kompliziertheiten" der Patchwork-Familien nicht nur sehr unverständlich, sondern auch Anlaß von Mißverständnissen und Ängsten („Wann muß ich, wie meine Halbschwester, plötzlich ‚verschwinden', weg von Mama?"), was auch durch „Geheimnistuerei" und gezielten Falschinformationen der Erwachsenen begünstigt wird.

Alles ist so verwirrend ... wer gehört zu wem, zu mir? ... irgend etwas ist anders als bei anderen Kindern ... ich bin nicht „normal" ... wieso verschwinden bei uns Geschwister? Plötzlich muß ich weg von Mama (Papa) ...

– Töchter, die sich ihrem Vater eng verbunden fühlen, setzen sich manchmal in starke Opposition (und auch in Konkurrenz) zur Stiefmutter.

Papa ist lieb ... ist arm dran, ich muß ihm helfen, ihn unterstützen ... ihm die Mama ersetzen ... Stiefmutter will mir durch ihr Verhalten („Liebtun") (nach der Mama auch noch) den Papa wegnehmen ... das werde (will) ich verhindern ...

– Halbgeschwister mit größerem Altersabstand schaffen sich zu den Jüngeren eine Beziehung wie zwischen Tante (Onkel) und Nichte (Neffe).

– Halbgeschwister schweißt oft eine gemeinsame Basis zusammen: Sie sind sich „ähnlich", sie haben Krisen, Härten und Entbehrungen durchgestanden.

– Ein neues Kind heißt für manchen Stiefelternteil auch: Endlich muß ich nicht darum kämpfen, als Elternteil akzeptiert zu sein.

– Je jünger Kinder sind, um so eher gelingt ihnen, den Stiefelternteil „wie einen leiblichen Elternteil" zu lieben. Dies erklärt sich mit dem bereits öfters erwähnten 6-7-Jahre-Wirkungsbereich, in den sich die Kinder „ihre Welt einrichten".

– Biologische Mütter unterscheiden selten zwischen Kindern aus verschiedenen Ehen. Väter fühlen sich dagegen stärker mit den älteren Kindern verbunden, mit denen sie mitunter eine recht schwere Zeit des Alleinerziehens verbracht hatten. Hier könnten Schuldgefühle mitspielen: Jetzt in der neuen Ehe darf ich meine ersten nicht wie unter „ferner liefen" behandeln.
– Ging der Gründung der neuen Familie der Tod des Partners (der Partnerin) voraus bzw. eines Elternteils, leiden die Kinder relativ stark: Ihnen fällt es schwer, sich mit neuem Elternteil und neuen Geschwistern zurechtzufinden, sie „halten zusammen" gegen die andern.

Wir halten zusammen (gegen den „Rest der Welt") ... miteinander gegen die andern, geht es uns besser, so können wir durchhalten ...

– Ein neues Kind, das gemeinsame, soll oft der Kitt sein, der die beiden Stieffamilien zusammenhält, auch der Friedensstifter und das Symbol des Neuanfangs und „Klügergewordenseins".

Ich bin etwas Besonderes ... ich muß die beiden versöhnen, trösten, belustigen ... ich bin Schuld, wenn es Spannungen zwischen den beiden gibt ...

Ein Wort zu den Grundmeinungen:

– Sind die Kinder bei Beginn der neuen Familie älter als 6, 7 Jahre, dann können bereits bestehende ähnliche Grundmeinungen verstärkt oder leicht ergänzt bzw. abgeändert werden, nicht aber wesentlich. Ältere Kinder mit eher positiv-getönten Grundmeinungen, als Folge erlebter partnerschaftlicher Erziehung mit gut entwickeltem Gemeinschaftsgefühl und erlebter Ermutigung, kommen wesentlich besser mit belastenden Situationen zurecht.
– Auch mit diesen Grundmeinungen lassent sich mittels des Modells der Handlungskette (siehe Kapitel 2 Graphik 1) Spuren zum Verständnis des kindlichen Verhaltens finden.

■ Die Stiefeltern stellen sich darauf ein: Ihnen wird von den Stiefkindern nicht „kraft Amtes" (weil sie mit Mutter bzw. Vater befreundet bzw. verheiratet sind) das Recht auf Fürsorge verliehen! Darauf sollten auch die leiblichen Elternteile gefaßt sein: Der (die) Neue muß sich dies durch eindeutiges Verhalten (Vertrauen, Herzlichkeit, Zurückhaltung, Ernstnehmen der Gefühle und Bedürfnisse) verdienen! Es ist gefühllos (!), wenn eine Mutter ihrem neuen (!) Freund einen Teil Ihrer Erziehungsgewalt (!) abgibt, der dann – oft aus guter Absicht – den Erzieher spielt: Das Kind erlebt dies oft als Vertrauensbruch seitens des leiblichen Elternteils und verzeiht es kaum! Der Neue (die Neue) muß sich der Erziehung so weit verweigern, wie ihm/ihr das Kind das nicht freiwillig – auf Vertrauensbasis – erlaubt! Dies trifft auch zu, wenn Sie anderer Meinung sein würden!

Aber auch umgekehrt gilt: Stiefkinder können nicht wie bisher davon ausgehen, daß sie, „einfach weil sie da sind", von Stiefeltern geliebt werden! Erwachsenen mag dies einleuchten, es klingt logisch; für Kinder ist dies eine „neue Sache": Für sie ist es hart zu erkennen: Wir müssen uns die Liebe der Stiefmutter (des Stiefvaters) *verdienen!* Und trotzdem ist es so! Die Erfahrung zeigt: Wenn Erwachsene glaubhaft eine annehmende Familien-Atmosphäre gestalten, in der Einfühlung, Ermutigung und Gleichwertigkeit verwirklicht sind, dann sind sie liebenswert, dann werden die Kinder sich öffnen ... Und darum geht es!

■ Ein Stiefvater (eine Stiefmutter) soll es als selbstverständlich, als natürlich ansehen: Eine Beziehung zu einem Menschen, den man von Geburt an kennt, ist tiefer, eben anderer Qualität, als eine Beziehung zu einem, den man erst als 12jährigen kennenlernt. Daraus darf nicht geschlußfolgert werden, daß zu dem Älteren keine gute Beziehung möglich ist bzw. man sich nicht mögen könnte!

Der neue Elternteil sollte also nicht glauben, daß er (sie)
– deswegen keine Chance beim neuen Kind habe (nur weil es ihm nicht um den Hals fällt)
– und es nicht lohne, sich um die Stiefkinder zu bemühen.

■ Einer von vielen wichtigen Vorteilen, die eine partnerschaftliche Erziehung von Beginn an leisten könnte: Es ist unumgänglich, klar festzulegen, und zwar gemeinsam (Stichwort: Familienrat), wer was für die Gemeinschaft zu leisten hat, wie das Miteinander auszusehen habe (Schlafenszeiten, Waschen, Hygiene im Bad, gemeinsame Essenszeiten, gemeinsame Freizeitaktivitäten, „Ordnung" in den Zimmern, Fernsehprogramm, ...). Eigentlich dürfte keine neue Familie abwarten.

■ Der Grundstein einer relativ harmonischen „Kinder-Gruppe" legen die Eltern, wenn sie sich unterstützen, sich emotional Sicherheit geben, sich bewußt nicht von den Kindern ausspielen lassen (darauf gefaßt sein, sowohl von „seinen als auch von meinen"), sondern diszipliniert solidarisch zur Entscheidung des andern stehen. In einer partnerschaftlichen Elterngruppe wird Gleichwertigkeit gelebt, so daß dieser Grundsatz niemanden zu viel „Macht" geben wird! Sprechen Sie sich immer wieder ab, arbeiten Sie ihre verschiedenen Einstellungen durch, klären Sie Meinungsverschiedenheiten, streiten Sie! Aber: einigen Sie sich immer wieder auf eine „Formel", die Sie beide vor den Kindern vertreten können! Werdet bewußt zu *Verbündeten* (nicht gegen, sondern für die Kinder).

Fallen Sie in keinem Fall Ihrem Partner in den Rücken, sondern halten Sie Ihren Widerspruch solange zurück, bis Sie in Ruhe und ohne Kinder dies klären können. Nicht die Harmonie oder die Konfliktlosigkeit ist das Ideal! Streben Sie vielmehr immer wieder in lebendiger Auseinandersetzung – ohne Selbstverleugnung – Lösungen an, die das partnerschaftliche Miteinander der erwachsenen Partner und der Kinder fördern!

■ Setzen Sie alle Kinder in ein Boot! Machen Sie keine Unterschiede (*) zwischen meinen – seinen – ihren. Damit geben Sie den Kindern auch keine Argumente in die Hand, die dort zur Waffe werden (Du bist gegen uns! Maxi ist eben dein Liebling! u. ä.)

■ Bevor Sie Ihre älteren Kinder als Kumpel oder als Freund(in) behandeln ... seien Sie sich bewußt, daß Sie damit vielleicht nicht dem Recht des Kindes auf Erziehung gerecht werden. Vermutlich räumen Sie damit dem Kind im familialen Rahmen zuviel Macht ein: Der Grundgedanke mag zwar auf Gleichwertigkeit zielen und damit verfolgen Sie eine gute Absicht! Doch wenn die 14-, 15-, 16jährigen die gleichen Rechte wie Sie haben, besitzen sie trotzdem von ihrer Reife und gesetzlicher Stellung her nicht die gleichen Pflichten! Am Schluß sind doch die Eltern die Dummen! Sie müssen Fehler des Jugendlichen ausbügeln, geradestehen, zahlen ... Entspricht dies dem partnerschaftlichen Miteinander oder gar dem ursprünglich guten Gedanken vom Kumpel und Freund? Die Idee übersieht eben, daß Jugendliche sehr wohl klare Orientierung und Grenzen brauchen und *wollen!* Es scheint in der menschlichen Natur zu liegen, daß Jugendliche die Reibung an den „Alten" benötigen. Wer sich reibt, hat jemand Festen, Standhaften, Verläßlichen! Auch Jugendliche bedürfen der Geborgenheit und Sicherheit, um die Eigenständigkeit und Unabhängigkeit zu erreichen!

■ Prüfen Sie auch, wenn Sie die Kluften zwischen den einzelnen Ursprungsfamilien schließen wollen, ob der eine oder andere Großelternteil (manchmal steht eine ansehnliche Auswahl bereit) *hierzu* nicht gute Dienste leisten könnte. Doch überlassen Sie nichts dem Zufall, auch dann sagen Sie den betreffenden Personen genau, was Sie von ihnen erwarten.

---

* Unterschiede sind im Erlebens- und Gefühlsbereich, wie bereits erwähnt, ja nicht zu leugnen! Doch das wird Sie nicht daran hindern, zu allen Kindern fair zu sein, selbst wenn Sie Ihre leiblichen Kinder *mehr* lieben? Vielleicht stimmt es auch so: *anders* lieben. Sie sollten sich deswegen nicht schämen. Doch: Kinder sollten dies nicht erfahren, sie mißverstehen dies noch viel zu lange.

Virginia Woolf, Schriftstellerin, 1882–1941

Sie ist drittes Kind von vier (Älteste Schwester +3, älterer Bruder +2, jüngerer Bruder –1) leiblichen Kindern. Der verwitwete Vater brachte eine geistig behinderte Tochter, die verwitwete Mutter drei Kinder (zwei Buben und ein Mädchen) in die Ehe. Somit wies diese Patchworkfamilie acht Kinder auf. Die Brüder besuchten gute Schulen, die Mädchen wurden – wie damals üblich – zu Hause „gebildet". Es schien schon früh ausgemacht, daß die ältere Schwester Malerin (sie ist als die Malerin Vanessa Bell bekannt geworden), Virginia Schriftstellerin werden sollte. Entsprechend sahen ihre häuslichen Bildungsgänge aus. Die Brüder aus erster Ehe wirkten sich wegen ihrer sexuellen Übergriffe vor allem auf Virginias Einstellung zur Sexualität negativ aus, Vaters problematisches Verhalten nach dem Tod seiner Frau sicher auch auf ihre Einstellung zu Ehe und Partnerschaft. Ihr Selbstmord 1941 und zuvor ihre seelischen Krisen trotz schrifstellerischen Erfolgs müssen auch vor dem familialen Hintergrund gesehen werden.

„Und deshalb bildeten wir eine kleine Welt innerhalb der großen. Wir hatten ein so enges Bündnis geschlossen, daß alles … von der gleichen Warte aus betrachtet wurde und das Gepräge unserer eigenen Betrachtungsweise annahm."

(Zitiert nach W. Waldmann: „Virginia Woolf", Rowolths Bildmonographien, Seite 33)

→ Die eine ist Malerin – die andere Schriftstellerin: Am Anfang war die Aufteilung!

Kapitel 7: Geschwisterbeziehung ernstnehmen und positiv beeinflussen …

Teil 1: Mit dem Übersichtsbogen sich Klarheit verschaffen

Neuer Blick – neue Kinder: Fakten sichten und verstehen
Die beiden vorhergehenden Kapitel haben Sie mit vielen Informationen beliefert. Ich lade Sie nun ein, mit dem nachfolgenden „Übersichtsbogen zur Geschwisterbeziehung" sich einige interessante „Erkenntnisse" für Ihre eigene Familie zu verschaffen. Mit ein bißchen Puzzle-Arbeit und klarer „Gebrauchsanweisung" und Beispielen werden Sie bald selbstsicherer handeln. Nehmen Sie sich für diesen Bogen mehrere Tage Zeit! Nutzen Sie eine ruhige, gelassene Atmosphäre, in der Sie ungestört und entspannt sind und vor allem nicht in heftigen Konflikten mit Personen Ihrer Familie stecken. Am besten kopieren Sie für jedes Kind diesen Bogen (eventuell vergrößert, um Platz zu bekommen). Mit der „Gebrauchsanweisung" gelingt Ihnen eine „nützliche Tiefgründigkeit". Der Bogen ist so verfaßt, daß Sie zur Selbsterkenntnis und zur Klärung bisher nicht so deutlich erkannter Zusammenhänge gelangen können. So wird ein zu Ihrer Person bzw. Ihrer Familie passendes Erziehungsverhalten möglich.

Madonnna (Ciccone), geb. 1959, Popstar
Sie wird als sechstes Kind geboren, da hatte sie bereits fünf Brüder! Danach werden noch zwei Schwestern und ein weiterer Bruder geboren, bis die Mutter stirbt. Da war Madonna gerade sechs Jahre alt! Das sind bereits genug Fakten, um vieles ihrer Biografie besser zu verstehen!

„Von da an schafft sich Madonna eine eigene Welt, in dem sie versucht, ihre Mutter in sich wiedererstehen zu lassen." „Sie wird die Mama in der Familie, ..." (15)

(Zitate aus Eric Shangai: „Madonna", Porträt eine Superstars. Heyne Band 32,156)

„,Schon von klein auf wußte ich, daß ich als Mädchen viel erreichen konnte, wenn ich mich weiblich und charmant gab und das habe ich weidlich ausgenutzt', erklärt sie. ‚Ich war als Kind sehr frühreif und extra keß.'"
→ Das wäre doch was für Graphik 1! Grundmeinung und Methoden als Zitate liegen bereits vor. Versetzen Sie sich mal mit dieser Verhaltenskette in die Lage des kleinen Mädchens! Vieles von ihrem späteren Lebenslauf wird Ihnen dann erklärbar! Sie wissen dann, warum sie auf Sexsymbol machte, warum sie sich mit Männern um sich besonders gut fühlt und ständig im Mittelpunkt stehen will, den Trubel braucht ... Das unterstreichen auch die folgenden Zitate über ihre Kindheit. „Ich bin in einer sehr großen Familie und in einer Umgebung aufgewachsen, wo man sich durchsetzen mußte, um Beachtung zu finden. Ich war wie eine Teufelin!" „Ich habe mich sogar selbst verletzt, etwa mir meine Finger verbrannt, nur um Aufmerksamkeit zu erreichen."

(Zitate aus Mark Bego: „Who's that girl?", Hannibal Verlag 1992, Seite 25)

Übersichtsbogen zur Geschwisterbeziehung

Name des Kindes:

I. Zur Geschwisterposition – [1] Ordnen Sie Ihr Kind folgender Position zu: Ältestes – Jüngstes – Mittleres – Einziges – Nachzügler (siehe [22]) Patchwork-Kind (siehe [23])

[2] Diese Auffälligkeiten zur genannten Position in Kapitel 1 finde ich auch bei meinem Kind:

[3] *Folgende Grundmeinung zur Geschwisterposition aus Kapitel 1 könnte das Verhalten erklärbar machen:*

Skizzieren Sie eine Handlungskette wie in Graphik 1:

Diesen Impuls aus Kapitel 1 finde ich hilfreich:

II. Allgemeines zur Beziehung unter den Geschwistern

[4] Ich vermute, daß bei uns folgender Erziehungsstil bevorzugt wird:

○ Härte und Strenge ○ Machen lassen ○ Verwöhnen ○ Inkonsequenz ○ Partnerschaftliches Erziehen (Zutreffendes ankreuzen)

[5] Erinnern Sie sich an Verhaltensweisen, mit denen Ihr Kind ähnlich handelt wie Sie (z. B.: im Kontakt mit Geschwistern, anderen Kindern, Ihnen ...)

____

____

____

____

____

____

[6] Was „hassen" Sie (manchmal) an diesem Kind?

____

____

____

____

____

____

[7] Welche (geheime?) Hoffnung setz(t)en Sie in es?

____

____

____

____

____

____

[8] Was verzeihen Sie ihm nicht?

____

____

____

____

____

____

[9] Was finden Sie ganz toll an ihm?

____

____

____

____

____

____

[10] Welche Rolle könnten Sie ihm bzw. ihr eventuell geben? (Zutreffendes bitte ankreuzen)

○ Sonnenschein ○ Clown ○ Besserwisser ○ Kritiker, Neinsager ○ Problemkind ○ Einzelgänger ○ Schwächling – Kränklicher ○ Stimmungsmacher ○ Angeber ○ Hans Dampf in allen Gassen ○ Sündenbock (Blitzableiter) ○ Musterknabe, -„mädchen" ○ Professor ○ Helfer ○ Schmeichler–Kuscher ○ Tüchtiger ○ Nervensäge ○ Pflichtbewußte ○ Zuverlässige ○ Kaot(in) ○ Baby ○ ________________

[11] Nennen Sie eine häufig gebrauchte Du-Botschaft, die dieses Kind zu seinen Geschwistern sagt (hören Sie mal eins, zwei Tage „genauer" den Kindern zu!).

⟶

____

____

____

Kind ⟶

Kind ⟶

... sagt immer wieder ähnliche Du-Botschaften zu den andern Geschwistern (je Geschwister benützen Sie einen Pfeil; bei Einzelkind: wichtiges „Bezugs"-Kind)

[12] *Folgende Grundmeinung könnte durch Du-Botschaft begünstigt worden sein:*

Diesen Impuls halte ich für mich besonders hilfreich:

a Von Ihrem Kind wird eine Leistung gefordert, die es an die Grenze seiner Fähigkeiten bringen könnte.
b Ihr Kind gerät wegen etwas in Konflikt mit Geschwister.
c Sie haben – aus guten (!) Gründen – einmal wenig Zeit. Das Kind will aber, daß Sie sich mit ihm abgeben.

[13] Notieren Sie mögliche Methoden, die das Kind in diesen drei Fällen (a, b, c) typischerweise verwenden würde:

[14] In Kapitel 2 steht eine Aufstellung sozialbezogener und ichbezogener Methoden. Zu welcher Gruppe könnten die von Ihnen eben Gefundenen gehören? Schreiben Sie zu Ihren Beispielen s (= sozialbezogen) i (= ichbezogen). Welche Methoden überwiegen?

[15] ◦ Was kann Ihr Kind gut ◦ Was mag Ihr Kind ◦ Was macht Ihr Kind gern? Nennen Sie zu jedem der drei Bereiche zwei Beispiele:

1 ______________________________

2 ______________________________

3 ______________________________

[16] Schreiben Sie dahinter, was jedes der Geschwister *davon hält* [15] oder *ob es dies kann* bzw. *mag.*

III. Zur besonderen Situation unserer Familie

[17] Tragen Sie wie in Kapitel 5 die Kinder und ihre Abstände ein, markieren Sie auch den 6/7-Jahre-Wirkungsbereich.

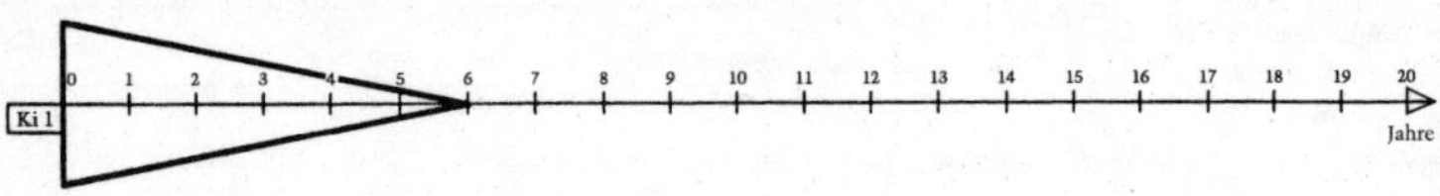

[18] Welchem der beschriebenen Typen ähnelt die Position? Es ähnelt dem Typ: ______________________________

____

____

[19] Stellen Sie fest: das Kind entspricht in etwa den Nummern der Aufstellungen in Kapitel 4/5:

Als ______________________________ Nr.:

____

Als ______________________________ Nr.:

____

Als ______________________________ Nr.:

____

[20] Folgende der genannten Auffälligkeiten (in Kapitel 4/5) zu den in [19] festgestellten Typen finde ich auch bei meinem Kind:

____

____

____

____

[21] *Folgende Grundmeinung (aus Kapitel 4/5) könnte das Verhalten erklärbar machen:*

Skizzieren Sie eine Handlungskette wie in Graphik 1:

Diesen Impuls aus Kapitel 4 + 5 halte ich für mich besonders hilfreich:

IV. Einige „Besonderheiten"

1. Falls Ihr Kind ein Einzelkind ist:

[22] Mit welchem Kind aus Nachbarschaft, Verwandtschaft oder Bekanntschaft pflegt(e) es eine enge, jahredauernde Beziehung (hauptsächlich in den ersten sechs Jahren – nicht auf *eine* Tages-

zeit, einen Ort beschränkt → z.B.: Eine Kindergartenfreundin würde nicht hierher gehören)? Legen Sie sich auf *ein* Kind fest! Es heißt: ______________________ Füllen Sie den Fragebogen aus, als ob dieses „Bezugs"-Kind ein Geschwister wäre (denn psychologisch erfüllt es einige Voraussetzungen dafür).

2. „Patchwork"-Kinder

[23] Klären Sie zunächst die Positionen der verschiedenen Kinder. Bearbeiten Sie danach für ein Kind den Bogen. Untersuchen Sie die Nummern [2], [5], [15], [20] nach Eigenschaften und Fähigkeiten, die (bereits oder unter günstigen Bedingungen) geeignet sind,

- Rivalität und ungünstige Bezogenheit abzumildern
- einen kameradschaftlichen Geist („Wir-Gefühl") zu stärken
- die Grenzen der alten Familien nicht mehr trennend wirken zu lassen.

Listen Sie solche Stärken auf:

____

____

____

____

____

____

____

____

____

„Gebrauchsanweisung" für den Übersichtsbogen:

I. Zur Geschwisterposition

[1] Hier verwenden Sie die übliche Bezeichnung der Geschwisterposition. Erst bei Familien mit über drei Kindern könnte es Zuordnungsprobleme geben (z.B. Drittes von vier Kindern). In diesen Fällen sollten Sie, zunächst bei III. „Zur besonderen Situation ..." die Position festlegen. Beispiel: Tommy ist ein Mittleres

[2] Weil Kinder auf ihre eigen-tümliche Art Grundmeinungen bilden und auf ihre Umwelt reagieren, stehen in den Übersichten zu den Geschwisterpositionen (dies gilt auch für [2], [5], [15], [20]) sich oft widersprechende Fakten: Ein Kind kann eher sozialbezogene bzw. ichbezogene Methoden entwickeln. Sie picken sich jene Fakten aus der Liste der „Möglichkeiten", die für Ihr Kind zutreffen.

Beispiel: Fühlt sich oft entmutigt und ungerecht behandelt, starke Rivalität, streitsüchtig gegen beide Geschwister; hat guten Gerechtigkeitssinn, kann manchmal gute Kompromisse vorschlagen.

[3] Dies gilt sinngemäß auch für die Auswahl der Grundmeinungen, von denen hier nur einige der wesentlichen versammelt sind. Mit einer zutreffenden Grundmeinung lassent sich unter Verwendung der Handlungskette (Graphik 1) zweifach hilfreiche Impulse gewinnen: 1. Sie setzen die Grundmeinung an Stelle 2 und folgern nun, als würde diese Meinung stimmen, *daraus ganz logisch* (immer im Sinne der Grundmeinung, nicht der Erwachsenenlogik!) die weiteren Glieder der Kette ... Gefühl, Körperreaktion, Ziel und „sinnvolles" Handeln. Es erleichtert die Schlußfolgerungen, wenn Sie sich immer wieder ein „Deswegen" vorsagen. 2. Sie nehmen eine aktuelle Schwierigkeit und setzen sie auf Stelle 1. Nun suchen Sie in den auf dem Übersichtsbogen versammelten Grundmeinungen (dies gilt auch für, [12], [21]) jene, die möglicherweise dem Problem zugrunde

liegen könnte. Danach folgern Sie, mit der kindlichen Logik, die restlichen Kettenglieder.

Beispiel: (1) Tommy zerreißt dem Großen sein neues Comicheft (2) Ich komme zu kurz → (3) Neid, Wut (4) Enge, Aggressionsstimmung (5) Nahziel Machtkampf, tieferliegendes Ziel: keine Demütigung, Geltung erringen, Zu-Wendung (6) Zerstören, Ärger machen, schreien.

So nähern Sie sich dem Verstehen der Vorgänge beim Problemverhalten. Mit den unter  versammelten Impulsen können Sie den Einstieg in die Veränderung beginnen!

Sie bleiben längerfristig erfolglos, wenn Sie nicht als Teil eines längeren Prozesses gesehen werden: hin zu partnerschaftlichem Familienleben, ermutigender Atmosphäre; Gleichwertigkeit.

Beispiel: Aus „erzieherische Ideen": Ich will verstärkt Tommy zeigen, daß er durch kooperatives Verhalten und sachangemessenen Umgang mit Dingen, Problemen und Situationen die Beachtung und Zuwendung aller Familienmitglieder gewinnen kann ...

[4] Diese Zuteilung erfordert Ehrlichkeit; den meisten Menschen widerstrebt es nämlich, die eigenen Methoden als negativ zu bewerten.

Beispiel: Trend ist „Härte und Strenge".

[5] Kinder lernen durch Vorbild, durch „Modelle", die sie nachahmen. So ist es nur „natürlich", daß sie Verhaltensweisen ihrer Eltern (d.h. deren „Erziehungsstil-‚Mix'") „abschauen"! Notieren Sie solche „Nachahmungen".

Beispiel: Nörgelt ständig herum, sieht Negatives, straft den Kleinen, befiehlt, verbietet, herrscht ... (wie seine Eltern).

[6], [7], [8], [9]. Seien Sie bereit, offen für diese Fragen zu sein und sie nicht als Zumutung oder abwegig zu empfinden. Einige Minuten des sinnierenden Zulassens und ihr Unbewußtes beliefert Sie bestimmt mit den Antworten. Wehren Sie diese nicht ab! Lassen Sie solche Gedanken zu,

die manchmal nicht schmeichelhaft sind, ja oft gemein und egoistisch! Es passiert doch nichts! Sie hängen den Bogen doch nicht ans Schwarze Brett Ihrer Firma. Auch Ihren Partner hat diese Selbstbesinnung nicht zu interessieren! Doch einmal zugelassen, können Sie sich mit solch offenen Umgang mit sich selbst (also sich keine Schuldgefühle oder Ängste *machen)* ein neues Miteinander in der Familie (und nicht nur dort) ermöglichen!

Beispiel: [6] Daß es dauernd Unruhe in die Familie bringt; es gibt viel Ärger wegen ihm, auch mit meinem Ehepartner. [7] Daß er musisch begabt ist, locker, fröhlich, im Gegensatz zu dem etwas blassen, „steifen", zurückhaltenden Großen. [8] Er kann ja nichts dafür! Er kam zu schnell, ich wollte doch nach dem ersten Kind meine Ausbildung abschließen … [9] Er hat tolle Phasen, dann ist er zum Knutschen: Was der alles über Rockmusik weiß, und wenn Besuch da ist, er ist ein Bilderbuch-Kind: fröhlich, nett, höflich amüsant; die mögen ihn. Die Bekannten und Verwandten können nicht verstehen, wenn ich über ihn klage!

[10] Eine „spontane" Wahl ist durchaus sinnvoll und aussagekräftig! Bedienen Sie sich aus der Liste in Kapitel 3.

Beispiel: Tommy ist ein „Blender" vor andern, viel Schein, wenig Substanz. Zu Hause ist er eher der Querulant, der Neinsager.

[11] Wir achten so wenig auf das, was wir hören! Wir haben uns an viele Eigenarten gewöhnt, nehmen Sie nicht (mehr) übel. Wir sollten es vielleicht! Denn immer wiederholt, wirken solche Gewohnheiten als *Auffrischer* alter Verletzungen.

„Na Dicker, gehst du mit zur ‚Oase'?"

„Spinner, ich werd' mich doch nicht lächerlich machen!"

„Mein Gott, bist du ein Feigling, was kann schon passieren?"

„Ich könnte beim Vortrag stecken bleiben!"

Haben Sie die Du-Botschaften bemerkt (mindestens vier recht deutliche und weitere versteckte!)? Sie bleiben, als Alltäglichkeiten dieser Gruppe, unbeachtet! Doch sie wirken und verfestigen alte Demütigungen und negative Grundmeinungen.

Beispiel:
Ältester zu ⟶ Tommy

Du bist doch eine Flasche, begreifst die einfachsten Dinge nicht.

Mein Zimmer ist tommyfreie Zone! – Geh zu deiner Tante Doris, du Schleimbolzen! Kleiner Bruder zu Tommy: Ich hasse dich, du bist der fieseste Mensch, den ich kenne!

[12] Siehe Erläuterungen bei [3]!

Beispiel: (1) Tommy und sein großer Bruder streiten sich mal wieder (2) Mein Bruder/die andern sind mir feindlich gesinnt (3) Ärger, sich herausgefordert fühlen (4) Enge im Oberkörper, motorische Überreaktion (5) Überhandgewinnen, Macht zeigen (6) aggressive Handlungen, Gewalt.

[13] Die Sätze könnten Sie mit etwas Fantasie anreichern und konkretisieren: Also statt „an die Grenze seiner Fähigkeiten" genau nennen, was dies bei dem betreffenden Kind ist: ... die nächste Mathearbeit ... zusammen mit Tim einkaufen gehen ... Das Ergebnis wird besser, je mehr Methoden Sie notieren: denn zu jedem Beispiel gibt es sicher mehrere typische Reaktionen Ihres Kindes!

Beispiel: Zu a) Verweigern, sich beschweren wegen der Zumutung, die anderen nicht aufgehalst würde ... b) schlagen, hänseln, beleidigen, einsperren (den Kleinen) ... c) Er beschwert sich darüber, daß ich den Großen ihm bevorzuge bzw. ihn, Tommy, nicht liebe → Das macht mich „heiß".

[14] Wenn Sie die beiden Methodenarten durchgelesen haben, gelingt Ihnen sicher auch die Einteilung Ihrer unter [13] gefundenen Methoden.

Beispiel: Es überwiegen wohl ichbezogene Methoden.

[15] Bei 1 nennen Sie gut entwickelte Fähigkeiten, bei 2 Vorlieben, eben was Ihr Kind schätzt, gut findet: all das, was mit Geschmack zu tun hat: Essen, Musikstars, Kleidung, ...; bei 3 sammeln Sie vor allem Tätigkeiten im Freizeitbereich, aber auch im Familienleben.

Beispiel: 1: Charmant zu Bekannten, gut auswendig lernen, toll lesen; 2: Spezialist in Rockmusik, liebt Nudelgerichte und Fleischspeisen; 3: Gitarre spielen, singen, spielt gut Tischtennis.

[16] Jetzt nennen Sie zu der Aufstellung die typischen Reaktionen jedes Geschwisters: Wie sie dies finden, ob sie dies ebenfalls können (besser oder schlechter), mögen bzw. gern machen.

Beispiel: 1/2/3 Ältester findet all das „zum Kotzen", macht sich darüber lustig; er spielt Fußball, ekelt sich an Rockmusikern, liebt Pizza, Nudeln sind „pappig". Der jüngere Bruder orientiert seine Einstellungen zunehmend am Ältesten.

[17] [18]: In Kapitel 5 werden fünf Typen vorgestellt; ebenso anschauliche Graphiken. Der 6-7-Jahre-Wirkungsbereich ist, wie Sie sich noch erinnern, jener Zeitraum, in dem sich die Grund-Persönlichkeit entwickelt und „festigt".

Beispiel: Ähnelt der „echten" Drei-Kinder-Familie.

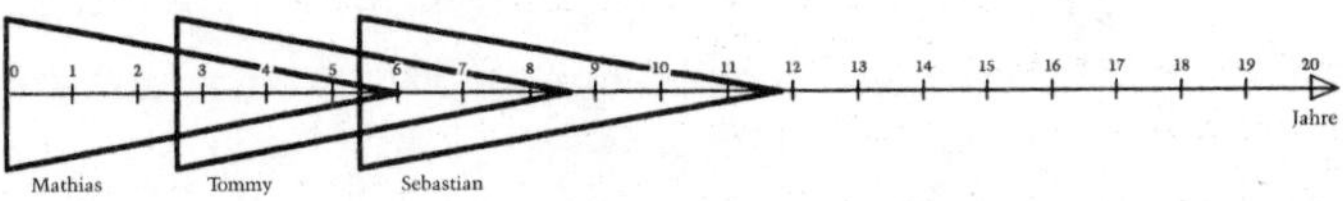

[19] Die graphische Darstellung könnte zeigen: Dies ist eine „echte" Drei-Kinder-Familie, in unserer Familie gibt es ein Einzelkind und eine Zweiergruppe mit Ältestem und Jüngsten, oder ein Pseudozwillingspärchen und ein Nachzügler oder ...

Daraus folgern Sie: Mein Kind (um das es in *diesem* Übersichtsbogen geht) ist zum Beispiel Mittleres, da es aber einen Abstand von sieben Jahren zum ersten hat (drei Jahre zum Jüngsten), wird es zum Ältesten von zwei; besser gesagt: ältestem Bruder mit einer jüngeren Schwester, das finden Sie in Kapitel 4 unter Nummer 1. Mehr können Sie nicht unterscheiden (in [1] ist dieses Kind als Mittleres einzustufen und zutreffende Fakten zu notieren [2] und [3])!

Beispiel: Als jüngerer Bruder eines Bruders ist Tommy Nummer 8. Als mittlerer von drei Brüdern ist Tommy Nummer 22.

[20], [21] Hier sammeln Sie nun jene Inhalte, die zu Ihrem Kind passen und *noch nicht* in [2] aufgelistet sind. Dies gilt auch für zusätzliche Grundmeinungen und pädagogischen Ideen.

Beispiel: Bei 8: Konkurrenzbezogen; sensibel. Bei 22: Erlebt sich als Sieger über Jüngstes, aber auch im Kampf gegen die zusammenhaltenden Brüder; aggressionsbereit. Hilfreiche Impulse: Bei 8: Die Führungsrolle, die wir dem Großen geben, verändern; bei 22: Durch Ermutigung Tommys Zugehörigkeit zur Gruppe stärken, seinen Selbstwert kräftigen helfen.

[22] Viele Einzelkinder leben ziemlich eng zusammen, spielen und verbringen (meist) täglich zusammen ihre Freizeit. Wichtig wäre auch, daß dieses „Bezugs"-Kind bereits vor dem sechsten, siebten Lebensjahr ins Leben Ihres Kindes „trat". Hier sind vor allem Nachbarskinder oder Cousins bedeutsam.

[23] Nach dem Lesen von Kapitel 6, „Patchwork-Familie", kennen Sie die „wirksamen" Positionen Ihrer „alten und neuen" Kinder und können für das Kind, um das es in diesem Arbeitsbogen geht, die Fragen bearbeiten. Loten Sie die positiven Kräfte der verschiedenen Kinder aus. Nutzen Sie gleichzeitig diese Energie dazu, ein partnerschaftliches Miteinander zu ermöglichen. So werden Sie jedem Kind gerecht.

Der Übersichtsbogen ist ausgefüllt – Was nun?

Sie wissen bereits, was zu tun ist? Ist Ihnen durch das entspannte Arbeiten mit dem Bogen „mit der Zeit" einiges eingefallen? Sie haben nun „Verständnis" gewonnen für die oft seltsamen oder nervenden Verhaltensweisen der Kinder? Oder „ahnen" Sie nun, wie wichtig eine relativ friedliche, entspannte Familienatmosphäre bzw. Geschwisterbeziehung ist? Ich möchte mich in Ihren Entscheidungsprozeß, ob und wie Sie nach dem Lesen dieser Zeilen handeln, nicht einmischen. Folgendes mögen Sie aber nicht aus den Augen verlieren:

■ Graphiken, Modelle, Theorien, verhelfen uns zu Ergebnissen. Doch betrachten Sie diese als Vermutungen: So *könnte* es sein! Sie gebrauchen sie vorsichtig, suchen nach Belegen dafür oder lassen sie fallen, wenn sie sich nicht bestätigen. Sie verleihen nicht die *Macht* des Wissens! Belasten und belästigen Sie niemand mit den Ergebnissen, mit Psychologisierungen! Sie sollen *Ihnen allein* als Grundlage neuer Versuche, aber auch neuer Einstellungen dienen: Es könnte auch alles *anders* sein!

■ Seien Sie sich bewußt: Ihre Vermutungen und Erkenntnisse gewinnen Sie durch *Ihre* Sichtweise! Sie folgern mit *Ihrer* Logik! Sie lesen das Buch, lösen die Aufgaben, beschäftigen sich mit dem Übersichtsbogen, denken über die eigene Kindheit nach ... *mit Ihrer (Wahrnehmungs-)Brille!* Anders geht es ja auch nicht! Und Sie wissen, die stammt aus Ihren Grundmeinungen, Ihrer privaten Logik! Mit ihr gebrauchen Sie die Inhalte dieses Buches, werden Sie handeln oder nicht! Dies läßt sich natürlich nicht verhindern, ist in Ordnung. Doch vergessen darf diese „Tatsache" nicht werden. (Bereits Ihr Partner oder eine gute Freundin ... werden dieses Buch anders gebrauchen, anders verstehen: Für sie steht oft etwas ganz anderes drin! Sie glauben nicht, wie verwundert ich war, als mir Leser eines meiner Bücher berichteten, was ich darin geschrieben habe. Was ist nun wahr?)

■ Besonders reizvoll – und Sie sollten es nicht auslassen – ist es, den Übersichtsbogen auch für Ihre *eigene* Kindheit, soweit sinnvoll, auszufüllen. Sie wären dann das Kind. Da würden Sie sich unter anderem mit jenen Grundmeinungen befassen, die aus Ihrer Geschwisterbeziehung stammen könnten. Vielleicht gelangen Sie so zu neuen Selbsterfahrungen!

Teil 2: Die Geschwisterbeziehung positiv beeinflussen

Bewußter ermutigen

Wir Menschen geraten täglich in Gefahr, uns entmutigt zu fühlen, das ist in einer Entmutigungsgesellschaft nicht verwunderlich. Doch mit Selbstbewußtsein lassen wir uns nicht von unserer geraden Linie abbringen. Wir wissen um unserer Anfälligkeit. Im Laufe ihres Lebens entwickeln seelisch stabile Menschen genügend Techniken, um zuversichtlich zu bleiben. Sicher sind Sie auch immer wieder dankbar für neue Ideen, um sich „aufzumöbeln". In meinem Buch „Eltern machen Kindern Mut" habe ich viele Ideen zur Selbstermutigung der Eltern gesammelt. Daher soll hier nicht weiter darauf eingegangen werden. Erst ermutigte, selbstbewußte Eltern können ihre Kinder ermutigen! Dabei halten Sie sich stets vor Augen: Eltern können „nur" ermutigen; die Ermutigung selbst, das ermutigte Handeln, bleibt eine freiwillige, aus eigenem Impuls entstandene Handlung des Kindes bzw. des Mitmenschen. Diese können sie allerdings begünstigen, wenn Sie sich

- in die Rollen, in die Lebensumstände des andern hineinversetzen,
- dessen Gefühls- und Erlebniswelt „spüren" und auf dieser Basis ganz persönlich auf dieses Kind abgestimmte Ermutigungsstrategien durchführen. Hier nun ein Angebot an *Ermutigungsideen:*

1 <u>Kennt mein Kind seine Stärken?</u>
<u>Weiß es, was es richtig gemacht hat?</u>

Beantworten Sie sich dies auch, wenn Ihrer Meinung nach die Fehler (noch) überwiegen! Benennen Sie genau die Stärken, damit

„beweisen" Sie ihm, daß es auch weiterhin Fortschritte machen wird. Fehler und Negatives (soweit dies zu verantworten ist) hängen Sie tiefer!

2 Sorge ich für vielfältige Kontakte mit anderen?

Ihr Kind braucht verschiedenartige Kontakte, benötigt Vertrauen in seine Beziehungsfähigkeit: Vereine, verschiedene Gemeinschaften helfen dabei.

3 Sind die gesetzten Ziele für mein Kind erreichbar?

Passen Sie die Ziele, das Übungspensum, Ihre Ansprüche und Erwartungen an die Möglichkeiten Ihres Kindes an: Sie müssen *dem Kind* machbar erscheinen, und Erfolg muß *ihm* leicht kontrollierbar sein.

4 Weiß mein Kind, daß es trotz Mißerfolgs oder Problemen in Ordnung ist?

Ihr Verhalten sollte sich stets dazu eignen, dem Kind zu zeigen, daß es trotz gezeigter Fehler, Mängel und Schwächen in Ordnung ist. Fehler sind, sachlich erkannt und benannt, in einen Veränderungsprozeß zu bringen, den Erziehende und das Kind sich zutrauen.

5 Kann ich meinem Kind ohne Vorwürfe erklären, warum ihm etwas mißlang?

Sachlich genau das noch nicht Klappende gemeinsam benennen; genau bezeichnen, was zu verändern ist und gleichzeitig Vertrauen in die Fähigkeiten des Kindes eindeutig zeigen.

Was mich nervt:

▶ Bei Schularbeiten, wenn Mama zum millionsten Mal sagt: ... du lernst nur für dich!" ... ich sei wie ihr Bruder, der blöde Onkel, aus dem scheinbar nichts geworden ist ... ich solle wenigstens ihr zuliebe lernen ... ihre Kopfschmerzen kommen davon, daß sie sich Sorgen um mich mache ... die Aufgaben sind wirklich einfach, manchmal zweifle ich wirklich an deinem ... ... deine Schrift ist eine Zumutung ... schreib schöner!"
▶ Sprüche wie: Da mußt du durch! • hab ich dir's nicht vorausgesagt? • Das hältst du doch nie durch! • Du hast eben zwei linke Hände. • Pfoten weg! Oder: Laß lieber die Finger davon! • Das geht mir viel zu langsam! • Gib acht, das ist gefährlich ... das geht kaputt. • Kannst du das auch wirklich?

6 Entdecke ich die oft gut versteckten Entmutigungen im Alltag?

Entmutigung verbirgt sich in den verwendeten Wörtern ebenso wie in der Körpersprache; bleiben Sie selbstkritisch; meist sind wir durch Erziehung und Gesellschaft so stark auf Entmutigung getrimmt, daß wir es nicht „einfach so" erkennen und abstellen könnten.

7 Fördert mein Umgang mit dem Kind seine Selbständigkeit?

Stets dem Kind Möglichkeiten geben, im Alltag etwas selbst zu tun, was auch in den Augen anderer sinnvoll, anerkennenswert und nützlich ist.

8 Vertraue ich (wirklich) in die Fähigkeit des ermutigten Kindes, vorwärts zu kommen?

Woran merkt das Ihr Kind? Es muß es merken! Sprechen Sie dieses Vertrauen auch aus.

9 Kann ich das aktuelle Gefühl meines Kindes „spüren"?

Nehmen Sie es ernst. Benützen Sie dazu weniger Ihre Erwachsenenlogik, sondern sämtliche Ausdrucksmöglichkeiten eines

Menschen: Gesichtsausdruck, die Gestik, seine Körperhaltung, Stimmlage → ... sieht so aus, als ob ... Bei Problemverhalten fragen Sie auch nach möglichen Ängsten. (Häufige Ängste: Angst vor Versagen, Verlust, Alleinsein, Trennung, Krankheit, Tod, Krieg, bestimmte Schicksalsschläge, Katastrophen, Angst, nicht mehr geliebt zu sein ...). Setzen Sie die „Erkenntnisse" bzw. Vermutungen zu Ihrem besseren Verständnis auch in Graphik 1, Kapitel 2 ein. Das Erleben von Erfolg und Fortschritt löst positive Gefühle aus. Helfen Sie dem Kind, daß es seine Freude, Vorfreude, Hoffnung und Befriedigtsein, Genugtuung, Begeisterung, Stolz und Optimismus ausdrücken (Körpersprache, Worte) kann.

10 Vermittle ich meinem Kind, daß auch seine negativen Gefühle „in Ordnung" sind?

Niemand muß sich ihrer schämen, solche Gefühle gehören zum Empfindungsreichtum des Menschen! Sinnvollerweise zeigen Sie dem Kind aber auch, wie es solche – oft von andern nicht gern gesehenen oder abgelehnten – Gefühle so ausdrückt, daß Würde, Rechte, Freiheit und Gleichwertigkeit des Mitmenschen und der eigenen Person nicht angetastet werden.

11 Wie gelingt mir eine aufgelockerte, entspannte Lernsituation?

Klären Sie genau, wie Sie dies machen. Gestalten Sie bewußt eine freundlich-warme Atmosphäre.

12 Wodurch könnte ich meinem Kind zu neuem Ansehen bei anderen verhelfen?

Die Mitmenschen haben sich ein bestimmtes Bild von Ihrem Kind gemacht, natürlich kein einheitliches; tragen Sie dazu bei, daß sich dieses Bild positiver gestaltet; Klassenkameraden, Nachbarskinder, Geschwister sollen das Problemkind neu sehen. Gegenüber diesem „neuen" Kind werden sie dann auch neues Verhalten zeigen. Helfen Sie dem Kind, daß es nicht mehr als Spielverderber, Außenseiter, Fiesling u. ä. angesehen werden kann, sondern vielleicht als ... guter Fußballer, Witze- oder Geschichtenerzähler ..., kreativer Bastler ..., Fachmann in ..., guter Kamerad ...

13 Wen kann ich noch in den Ermutigungsprozeß einbeziehen?

Da Entmutigung nur selten „aus einer Ecke" kommt, lohnt es sich, Ermutigung auf viele Pfeiler zu stellen: Klären Sie, wie Sie die Gruppen, zu denen Ihr Kind gehört, ermutigend wirken lassen können: denn Ihr Kind braucht gerade dort Anerkennung und das Gefühl des Dazugehörens.

14 Lasse ich der Änderung genügend Zeit?

Ungeduld ist ein Entmutiger, ebenso zu kurze Fristen und unrealistische Vorsätze. Jeder hat seinen eigenen Rhythmus, den er nur begrenzt anpassen kann. Verändert sich ein Mensch durch einen Ermutigungsprozeß, dann macht er das freiwillig, es ist sein Werk, seine Leistung! Durch zeitliche Vorgaben wird dieses Verändern aus eigenem Antrieb aber unmöglich, weil ja ein Fremder zur Veränderung drängt! Lassen Sie daher das Kind Ihre Geduld und Zuversicht erleben, so daß es, trotz Durststrecken, daran glauben kann, daß es vorwärts kommt.

15 Zeige ich dem Kind meine positive Einstellung zu mir selbst, den anderen und dem Leben?

Durch das eigene Beispiel werden Sie den Kindern zum Modell, wie sie das Positive an sich, Mitmenschen und Leben mit seinen verschiedenen Aufgaben bewußter erkennen. Machen Sie mal die spaßige und kreative Übung – erfahrungsgemäß gefällt dies Kindern – das Positive an etwas Negativem, Schlechtgelaufenem zu benennen. So helfen (und trainieren) Sie Ihrem Kind, negativ gefärbte Grundmeinungen zu ändern!

16 Lasse ich dem Kind seine Entscheidungsfreiheit?

Sie können Ihre Lebenserfahrung, Ihre Sicht von Ursachen, Notwendigem dem Kind anbieten, Tips und Ratschläge geben („Darf ich dir mal dazu einen Rat geben?), Sorgen und Ängste äußern. Sie können auf Vereinbarungen und Gesetze und die Folgen hinweisen, doch lassen Sie das Kind dann stets Urheber seines eigenen Verhaltens sein! Das hört sich leicht an. Ihr Kind kann, kennt es die nötigen Argumente, selbständig das Richtige tun; auch diese Zuversicht verkörpern Sie entschlossen und unmißverständlich. Beherzigen Sie dann noch die Strategie „die Folgen wirken" (siehe weiter unten), dann wächst die eigene Erfahrung. (Diese Worte gelten nur in Fällen, in denen Leib und Leben nicht in Gefahr sind bzw. die Reife des Kindes einen angemessenen Umgang mit dem Problem ermöglicht!)

17 Begründe ich dem Kind verständlich und sachlich den Sinn meiner Maßnahmen?

Das Kind sollte erleben, daß es für Ihr „Einschreiten" Gründe gibt, die grundsätzlich für alle (Kinder bzw. Menschen) in der gleichen Situation gelten (würden). Es gibt manchmal (gute) Gründe für Mamas Einwand bzw. Verbot oder Wunsch! Das Kind erlebt dadurch nicht einen Menschen, der aus Machtfülle und Laune heraus einen tiefergestellten herumjagt! Ist das Kind dagegen sicher, daß hier keine Macht auf seine Kosten ausgeübt wird, läßt es sich etwas gefallen, was ja durch die Angabe der Gründe auch einsichtig sein kann. Eine ermutigende Atmosphäre ermöglicht also auch einen gewissen Vertrauensvorschuß (den man aber nicht überziehen darf): Es wird schon in Ordnung sein. Machtausübung würde sich das Kind nicht ohne weiteres gefallen lassen, sondern offene oder verdeckte Widerstandsformen zeigen. Das bedeutet nicht, daß jede Kleinigkeit diskutiert werden sollte, denn Kinder könnten dies zu Nahzielverhalten „ausbauen" (siehe weiter unten).

18 Fördere ich gezielt die Lernfreude des Kindes?

Lernen, Pflichtenerfüllen darf auch Spaß machen! Dazu helfen kindgemäß gestaltete Lernmaterialien (immer mehrere, mit verschiedenen Methoden arbeitende einsetzen, um stets was Neues auf Lager zu haben) und eine Lernatmosphäre mit Zuversicht und Hoffnung auf Erfolg. Das Kind soll aber auch – und das darf nicht unterschätzt werden – an der Auswahl und Menge des Übungsstoffes mitwirken, so daß es das Gefühl haben kann, daß es *seine* Übung macht.

19 Weiß mein Kind genau, was ich gerade lobe?

Es gibt einige gern verwendete Lob-Floskeln, die aber zu oberflächlich sind, als daß sie ermutigen. Loben und Tadeln, sie gehören genau genommen zur Sprache der Mächtigen bzw. Entmutiger! Wenn es Ihnen also wieder einmal ums Loben ist, dann sei Ihnen dies bewußt. Ein tatsächlich ermutigendes Lob besteht aus drei Elementen: Teilen Sie daher – um das Lob ermutigend wirken zu lassen – dem Kind ganz genau mit, was positiv bzw. gelungen (1) ist. Benennen Sie auch bei weniger Erfolg die Fortschritte (2), die starke Bemühung und die gute Absicht, äußern Sie Ihre positiven Gefühle (3), d.h. die Beziehung muß „stimmen" (nicht „Oben-Unten").

20 Wie schaffe ich es, daß meine Beziehung zu einem Kind nicht die anderen Kinder entmutigt?

Achten Sie darauf, daß kein Kind sich von Ihnen auf Kosten eines seiner Geschwister besser, bevorzugt, höher geschätzt, „mehr geliebt" fühlen kann. Dazu verwenden Sie wieder einmal das Modell Graphik 1 (Kapitel 2), um der möglichen Sichtweise, Grundmeinung der Kinder (jedes einzelnen!) näher zu kommen! Geben Sie auf möglichst vielfältige Weise jenen Kindern, die hier „Probleme" haben, unmißverständliche Rückmeldung! Kinder vertragen Vergleiche schlecht! Verhindern Sie Festlegungen und klare Rollenzuweisungen, indem Sie auch Positives (ganz konkret) entdecken, von dem ein Kind annimmt, daß es gar nicht „sein Gebiet" ist (sondern z.B. das von seiner Schwester). Kontrollieren Sie auch immer, ob Sie nicht ein Kind wegen seines Geschlechts anders behandeln (nach dem Muster: Buben sind eben Schlamper, aber bei Tina laß ich das nicht durchgehen!). Entwickeln Sie auch einen Blick dafür, daß keiner Geschwisterposition (Ältestes, Mittleres, Jüngstes) besondere Rollen, Erwartungen zufallen, durch die die anderen Kinder sich benachteiligt, untergeordnet, bevorzugt fühlen können. Versetzen Sie sich öfters in die private Logik jedes Kindes! Finden Sie Möglichkeiten, wie Sie mögliche Rivalitäts"kämpfe" um Ihre Aufmerksamkeit bzw. Zuwendung entschärfen können. Eine partnerschaftliche Abstimmung mit dem Lebenspartner ist sinnvoll.

21 Wie kann ich ermutigend auf die Geschwister-Beziehung meiner Kinder einwirken?

Gestalten Sie das Miteinander so, daß die Kinder leicht umsetzbare Muster dafür erhalten, wie sie,

- fair miteinander umgehen (Geben-Nehmen „ausgeglichen"),
- Konflikte gewaltfrei und ohne Verlierer lösen und Kompromisse schließen können,
- sich voneinander abgrenzen, aber auch miteinander zusammenarbeiten können,
- die empfindlichen Stellen des einzelnen erspüren und trotzdem rücksichtsvoll sein können,
- Mitgefühl zum andern entwickeln und angemessen zeigen können,
- mit sozialbezogenen Methoden (siehe Kapitel 2) Ziele erreichen und Geschwister ermutigen können (z.B.: bei ihnen Positives sehen).

Behalten Sie auch im Auge, daß Geschwister, die sich besonders gut miteinander vertragen,

- dies nicht auf Kosten eines oder mehrerer anderer Kinder tun können,
- sich nicht einseitig entwickeln bzw. die Entwicklung wichtiger Qualitäten zu kurz kommt → nur Versorgen, nur Hilfe nehmen ...

22 Kann ich zulassen, daß mein Kind so bleiben darf wie es ist?

Erziehende stellen bald – ohne daß ihnen das bewußt ist – Maßstäbe und Normen auf, die manchmal nicht den Bedürfnissen und Eigenschaften (und dem Reifestand) des Kindes entsprechen. Konfrontieren Sie Ihr Kind nicht zu früh mit Lebensbedingungen, die es überfordern. Hier fließen ergiebige Entmutigungsquellen: Rivalität, Höchstleistung, eiserne Disziplin, hartnäckiges Fordern von Einhaltung gewisser Prinzipien (die das Kind nicht einsehen bzw. einhalten will oder kann), „totes Lernen", kindliche Neugier und Arbeitsverhalten abwertend, Tempo vorgebend, Zeitdruck ausübend ...

23 Ermögliche ich jedem Kind, daß es sich in unserer Familie zugehörig, aber auch nützlich fühlen kann? Überprüfen Sie regelmäßig!

Den Anfang machen!

Markieren Sie sich fünf Fragen, von denen Sie annehmen, daß sie Ihnen im aktuellen „Fall" bzw. in der aktuellen Situation in Ihrer Familie weiterhelfen können. Die Anregungen sind noch viel zu allgemein gehalten, als daß sie direkt in erzieherisches Handeln umgesetzt werden könnten. Überlegen Sie daher, welche ganz konkreten Handlungen nötig wären. Formulieren Sie so, daß Sie jetzt genau wissen, was Sie tun werden. Nach einer angemessenen Zeit werden Sie merken, daß Sie Ihre (!) neuen Ideen recht gut verwirklichen können. *Erst* dann nehmen Sie sich weitere Fragen vor und verfahren nach der gleichen Methode vor.

Mehr Partnerschaft in die Familie bringen

1. Vielen hat die Einrichtung eines **Familienrates** geholfen, der regelmäßig zu einer bestimmten Zeit tagt, wo jeder sich frei äußern kann und all das offen besprochen werden kann, was die Familie bewegt bzw. in nächster Zeit gemeinsam unternimmt bzw. zu bewältigen hat. So werden all jene Dinge geregelt, die in Ihrer Familie erfahrungsgemäß Probleme machen. Oft sind das Abmachungen über einzelne Dienste (Geschirr, Kehrwoche,

Müll versorgen, Zimmer reinigen), Mithilfe in Garten oder Haus, Fernsehzeiten, Bettgehzeiten, Reihenfolge der Benutzung von bestimmten Räumen (z.B. Bad am Morgen bzw. Abend) oder Geräten etc. Natürlich vermeiden Sie künstliche Ver-Reglementierungen. Es werden Beschlüsse angestrebt, die von allen getragen werden; in den Augen der Eltern falsche Mehrheitsbeschlüsse können, falls die Befürchtung schließlich zutrifft, den Kindern zeigen, daß sie da etwas nicht richtig eingeschätzt haben. (Dies gilt nur, wenn Gesundheit, Leben, Besitz nicht gefährdet sind.) Eigene Erfahrungen sind wichtig. Ein Beschluß gilt mindestens bis zum nächsten Treffen. Der Familienrat legt auch gemeinsame (!) Wenn-dann-Regelungen fest: Was passiert, wenn sich jemand nicht an die Abmachungen hält. Die Erziehenden achten dann darauf, daß der Grundsatz „Folgen wirken lassen" konsequent angewendet wird. (Näheres in P. Veith, „Eltern machen Kindern Mut")

2. Wie gerade erwähnt: **Die Folgen wirken lassen:** Was abgemacht ist, bleibt bestehen, sonst treten die vereinbarten Folgen (Wenn-dann) ein (*R. Dreikurs*). Eltern mischen sich nicht ein: Wer spät dran ist, kommt eben zu spät (z.B. zur Schule, zur Bahn ...). Wer sich nicht richtig anzieht, friert. Wer seine Schuhe nicht putzt, hat dreckige Schuhe. Wer schlampige Hausaufgaben macht, bekommt Ärger in der Schule. Wenn Eltern eingreifen, dann lernen die Kinder doch nicht, daß diese Sätze stimmen! Konsequente Eltern brauchen keine Strafen! „Die Kinder lernen aus den Folgen." *(Dreikurs)* Eltern handeln dann ruhig, aber fest, in freundlichem oder zumindest neutralem Ton. Sie geben nicht nach. Falls erforderlich, ziehen sie sich in einen abschließbaren Raum der Wohnung zurück.

3. Immer wieder eigenen **nichtpartnerschaftlichen Verhaltensweisen auf die Spur** kommen und sie allmählich „ausmustern": anordnen, beurteilen, warnen, moralisieren, belehren, Lösungen vorgeben, lächerlich machen, verhören, gängeln, bemitleiden, Sachlichkeit fordern, wo jemand emotional reagiert, angst machen, vergleichen (mit Geschwistern, anderen Kindern). Viel-

leicht lassen Sie sich von Ihrem Partner mal typische Sätze aufschreiben, mit denen Sie öfters mit Ihren Kindern „ernst" reden bzw. Konflikte austragen. Danach schauen Sie, ob Sie die Sprache der Entmutigung sprechen. Als nächstes überlegen Sie sich geeignetere Satz-Muster, die Ihrem Wunsch nach partnerschaftlichem Miteinander näher kommen und probieren Sie sie aus. Sprechen Sie später auch über die Wirkung dieser neuen Sätze bzw. Verhaltensweisen mit ihrem Partner oder Mensch Ihres Vertrauens.

4. So stärken Sie das **Wir-Gefühl** in Ihrer Familie:

▶ *Sie zeigen Mitgefühl*

In Problemsituationen signalisieren Sie dem Kind, daß Sie sich seine Motive und Gefühle vorstellen können. Dabei fragen Sie das Kind, ob Sie richtig damit liegen, wenn Sie glauben, daß ... (es sich benachteiligt fühlt ... ausgeschlossen fühlt ...). Sie äußern nun vorsichtig Ihre Vermutung über eine zur Situation passende Grundmeinung des Kindes, beharren aber nicht auf Ihrer Aussage, wenn das Kind nicht zustimmt.

▶ *Sie verstehen Ihr Kind*

Nachdem Sie ihr Mitgefühl signalisiert haben, zeigen Sie dem Kind, daß Sie seinen Standpunkt verstehen. Sie kennen aus Ihrer Kindheit und Jugend Situationen, in denen Sie ähnlich gefühlt und sich verhalten haben; reden Sie darüber. Doch: Verstehen bedeutet nicht Gutfinden von Problemverhalten!

▶ *Sie teilen Ihre Ansicht mit*

Nachdem Sie mit dem Kind freundlich und aufrichtig gesprochen haben, teilen Sie ihm nun Ihre eigene Einstellung und Gefühlslage bezüglich der Problemsituation mit! In einer warmen, ermutigenden Atmosphäre wird es Ihnen zuhören. Sie sprechen nur von sich selbst, vermeiden Du-Sätze und Vorwürfe, denn Ihnen kann ja nichts daran liegen, Widerstand zu erzeugen.

▶ *Sie finden gemeinsam einen Weg*

Meist drängt eine Problemsituation zum Handeln. Wenn das Kind das Problem hat, können Sie ihm Ihre Hilfe anbieten. Fragen Sie das Kind, ob Sie ihm Ihre Hilfe anbieten, ob Sie gemeinsam mit ihm eine Lösung finden <u>dürfen</u>. Akzeptieren Sie jede

Ablehnung widerspruchslos! Sprechen Sie über die Lösungsvorschläge des Kindes, bieten Sie eigene Ideen an. Ihr Ziel: Das Kind darin zu unterstützen, damit das Problem nicht mehr auftritt. Es fühlt: Ich bin nicht allein, mein Vater/meine Mutter/meine Eltern halten zu mir; aber auch: sie trauen mir eine Lösung zu.

Sich bei Problemen zu helfen wissen

(Nahzielkonzept von *R. Dreikurs*)

In Kapitel 2 lasen Sie, daß jedes Handeln zielgerichtet ist. Heißt das: Wenn Leo trotzt und seine Mama wütend beißt, dann verfolgt er „eigentlich" ein Ziel? Eindeutig ja! Wenn Sie dem zustimmen können, werden Sie mit der folgenden Methode gut zurecht kommen. *R. Dreikurs* hat sich das Problemverhalten der Kinder näher angeschaut. Er hat insgesamt vier Ziele ausfindig gemacht, die Kinder mit ihrem oft „unmöglichen" Verhalten (meist unbewußt) anstreben. Diese Ziele nannte er Nahziele. Problemverhalten sei stets Zeichen einer Entmutigung. Mit ihm „erzwingt" das Kind nach eigenem Belieben die Zu-Wendung durch Personen, die ihm wichtig sind. Doch die spüren die Nötigung und reagieren oft gereizt, beherrscht an sich haltend, auch wütend, verärgert, aggressiv.

Nahziel 1: Ungebührliche Aufmerksamkeit

► Ob Ihr Kind dieses Nahziel anstrebt, erkennen Sie an folgendem Verhalten:

Sich ständig auffallend interessiert zeigen, spielt Musterkind, will Klassenbester sein bzw. werden, entwickelt zum Entzücken (!) der bezogenen Personen Einfallsreichtum, Ehrgeiz, ständig fällt ihm Originelles ein, wenn Originelles geschätzt wird, ebenso Interessantes, Lustiges. Das Kind zeigt „aufreizende" Zuverlässigkeit, Eifer in Familie, Haushalt, Schule; will Geschwister übertreffen und damit Eltern beeindrucken, es will der Stolz und die Freude seiner Eltern sein.

Kinder, die nicht so aktiv sind, bevorzugen folgende Methoden: In weitesten Sinne „brav" und „vorbildlich" angepaßt sein, gewissenhaft, hilfsbereit, liebenswürdig, anhänglich, mit hinreißendem Charme, oft ist es auch einschmeichelnd, selbstgefällig und eitel. Nahziel 1 wird *aber meist* mit folgendem ichbezogenen Verhalten angestrebt: Unfug machen, den Clown spielen, sich aufdrängen, angeben, vorlaut sein, schreien und lachen, wo es „nervt"; Geschwister streiten sich ausgerechnet im Blick-/Hörfeld der Erziehenden.

Aber auch: Sich ängstlich zeigen (z.B. vor Dunkelheit, bestimmten Fächern, Lehrern, Kindern, anderen Personen), trödelt bei vielen Tätigkeiten (Hausaufgaben, Aufgaben im Haushalt ...), zögerlich sein, scheu und zurückhaltend, geschickt darin sein, Helfer für sich zu mobilisieren: zeigt sich unselbständig, besonders hilfsbedürftig oder extra liebenswürdig und charmant; zeigt (!) wenig Durchhaltewillen, Geduld, läßt sich schnell ablenken.

▶ Das Kind könnte Ihnen mit seinem Problemverhalten signalisieren: Ich möchte *jetzt* beachtet werden.

▶ Können Sie sich folgende Fragen bejahen, dann strebt das Kind wohl das Nahziel 1 an: Sieht das Verhalten des Kindes so aus, als ob es mich auf sich aufmerksam machen will ... ich etwas Besonderes für es tun soll ...?

So ändern Sie was!

- Das Problemverhalten übersehen; Sie handeln nicht so wie es das Kind von Ihnen „erzwingen" will.
- Erziehende beschäftigen sich mit dem Kind stärker zu Zeiten, die *sie* für richtig halten: Sie gehen auf sein Interesse ein, ermutigen es, wenden sich ihm immer wieder überraschend zu.
- Erziehende zeigen, daß sie ihr Kind gern haben (mit ganzem Körper).
- Sie erkennen, auf welchen Gebieten, bei welchen Themen Sie hellhörig werden, „empfindlich" sind , irgendwie „schnell" an-

springen (wütend, erfreut, besorgt, ängstlich, … werden). Mit der Sieben-Schritte-Methode können Sie sich Gelassenheit „antrainieren".

Nahziel 2: Machtkampf führen und Überlegenheit erringen bzw. zeigen

▶ Ob Ihr Kind dieses Nahziel anstrebt, erkennen Sie an folgendem Verhalten:

Das Kind versucht mit all jenen Verhaltensweisen, die der bezogene Mensch (das ist jener, dem das Verhalten des Kindes „gilt") als Unart, Bosheit versteht, sein Nahziel zu erreichen: Es wird als frech, aggressiv, streitsüchtig erlebt; es bohrt in der Nase, lügt, lutscht am Daumen, beißt an den Fingern herum, näßt ein, verschlampert seine Sachen, zeigt „unheimliche" Wutanfälle, macht „eklige" Sachen …; solche Kinder widersprechen gern, hänseln und provozieren, lehnen sich gegen Regeln/Verbote auf; sie sehen oft einseitig nur das Schlechte einer Sache/Person, reiten darauf herum, beklagen sich und zeigen sich unzufrieden und ungerecht behandelt. *Aber auch:* Das verkörperte „Nein, mit mir nicht": Trotzig und stur, widersetzt es sich den Anweisungen, zeigt es sich faul; es erlebt, daß es durch Unzuverlässigkeit andere ganz schön unter Druck setzen kann: etwas (Wichtiges) vergessen, übersehen, falsch machen, Termine vertrödeln, auf sich warten lassen; da es sein Nein oft nicht ausspricht, sondern danach „handelt", entwickelt es individuelle Techniken des „Hinten-Rum": schwindeln, lügen, vertuschen, etwas (Belastendes) „verschwinden" lassen, den allgemeinen Normen und Wünschen entgegenwirken.

▶ Das Kind könnte Ihnen mit seinem Problemverhalten signalisieren: Ich möchte zeigen, daß ich stärker bin.

▶ Können Sie sich folgende Fragen bejahen, dann strebt das Kind wohl das Nahziel 2 an: Sieht es so aus, als ob mein Kind zeigen will, daß es niemand aufhalten kann, an seinem Handeln hindern kann …, daß es zeigen will, daß es der Chef ist bzw. sein will.

So ändern Sie etwas!

– Nicht mehr mitkämpfen, sich jedem Machtkampf behutsam und konsequent, aber mit freundlicher (zumindest aber mit neutraler) Körperhaltung und Sprache entziehen.
– sich der so zahlreichen Kampfelemente in Sprache und Körperausdruck bewußt werden und sie verändern (befehlen, kritisieren, loben, interpretieren, drohen, warnen, predigen, beraten, verhören, aufheitern, bemitleiden).
– Einsicht: das Kind hat Macht; dies verstehen Sie aber als „Qualität"und helfen dem Kind, daß es diese Macht auf sozialbezogene Weise einsetzen kann: Es soll *für* etwas Wichtiges kämpfen: Soziales Engagement, solidarisches Handeln …
– Signalisiert das Kind Zusammenarbeit, Interesse, wenn es nicht kämpft, reagieren Sie sofort positiv.
– Versuchen Sie, mit dem Kind (es soll gleichberechtigt sein!) gemeinsame (!) Vereinbarungen über wichtige Tätigkeiten und Verhaltensformen in Familienalltag zu treffen und sie konsequent, fest und freundlich durchzuführen. Sie können auch einen Familienrat einführen.
– Stärken Sie bewußt das Wir-Gefühl der Familie.

Nahziel 3: Sich rächen

▶ Ob Ihr Kind dieses Nahziel anstrebt, erkennen Sie an folgendem Verhalten:

Der Streit mit den anderen Kindern wird (nach dem Eltern bisher nicht wie vom Kind erwünscht reagierten) roh und brutal geführt, bis es den Erziehenden wehtut: Das Kind strapaziert auch die Beziehung zu den Erziehenden: Methoden, die sie blamieren, bloßstellen, schmerzen, werden immer häufiger verwendet, der Angriff soll nun verletzen: es verspottet oder zerstört, was andere schätzen, versäumt, was so wichtig wäre; es benimmt sich extra schlecht, wo angemessenes Verhalten so günstig wäre (in den Augen der Erziehenden); die Palette der Verhaltensweisen, mit dem Kinder den Erziehenden Schmerzen zufügen, ist vielfältiger als hier angedeutet sein kann: Formen der Selbstschädigung, häufiges Schwänzen, bösartige Provokationen, Beleidigungen, Belästigungen anderer, bewußter Vertrauensbruch, Distanzlosigkeit. *Aber auch:* Durch passives Handeln, Nicht-Tun, in einer Weise Regeln mißachten, die Erziehende kränkt, verletzt und bei Nichtbeachten Mitmenschen in Mißkredit bringt und sie eben sehr schlecht aussehen läßt: Undankbar, gemein, falsch, hinterhältig sein; oft rächt sich das Kind dadurch, daß es sich verweigert, etwas boykottiert und alle Forderungen zu Mitarbeit und Leistungsbereitschaft absichtlich bzw. „demonstrativ“ aufs Gröbste ablehnt.

▶ Das Kind könnte Ihnen mit seinem Problemverhalten signalisieren: dem andern (dem Bezogenen) wehmachen, um zu zeigen: ich bin da (und kann noch was bewirken.)!

▶ Können Sie sich folgende Fragen bejahen, dann strebt das Kind wohl das Nahziel 3 an: Könnte es sein, daß mein Kind mich/andere verletzen will … fertig machen will?

So ändern Sie was!

- Zeigen Sie in allen Ihren Verhaltensweisen, daß Sie das Kind als *Person* wertschätzen. (Höflich sein, bitten, einfühlen, Interesse an ihm und seinen Bedürfnissen bzw. Ideen …)
- Reagieren Sie auf Problemverhalten immer wieder überraschend anders! Dadurch nehmen Sie der (beabsichtigten) Rache ihre Wirkung!
- Stellen Sie sich auf mögliche ähnliche „schlimme“ Situationen so ein, daß Sie „Schlimmes“ für eher wahrscheinlich halten: Gleichzeitig nehmen Sie sich vor, sich nicht mehr verletzt zu fühlen.
- Unterscheiden Sie bewußt zwischen der schlimmen Tat und dem Täter (der leidet, unglücklich und verzweifelt ist!).
- Mit ermutigender Erziehung bieten Sie dem entmutigten Kind schrittweise Erfolgsmöglichkeiten: So kann es selbst erleben, daß es Hoffnung gibt, daß es zu echten Fortschritten fähig ist.

– Gewinnen Sie die jeweilige Gruppe bzw. Familie zur Mithilfe. Empfehlenswert: Nutzen sie Beratungsstellen, Therapeuten sowie die Möglichkeiten von Entspannung und Selbstermutigung (z.B. in „Eltern machen Kindern Mut", Kapitel 2).

Nahziel 4: Sich allen Forderungen entziehen (durch Unterlegenheit und Schwäche zeigen)

▶ Ob Ihr Kind dieses Nahziel anstrebt, erkennen Sie an folgendem Verhalten:

Durch aufreizende Passivität will das Kind die Erziehenden dazu bewegen, daß sie die für alle anderen Menschen geltenden Maßstäbe (Hausaufgaben machen, lernen, Schulbesuch, bestimmte Ordnungsregeln, …) außer acht und das Kind in Ruhe lassen, denn „es hilft ja eh nichts mehr!" Auf jedes Zugehen, Ansprechen, „Einladen" der Erziehenden bzw. Eltern, denen das Nahzielverhalten gilt, reagiert das Kind bewußt und „demonstrativ" uninteressiert, teilnahmslos oder auch phlegmatisch; es zeigt, daß es nicht nur keine Lust hat; es „beweist" recht deutlich durch geeignete Verhaltensweisen, daß es – für das Verlangte und Erwartete – zu dumm ist, zu ungeschickt, untauglich ist. Diese Botschaften werden oft mit Worten und durch eindeutige Körpersprache verstärkt: Es besteht jetzt und in Zukunft keine Hoffnung auf Erfolg, nämlich Hoffnung auf bessere Leistungen oder mehr Fähigkeiten und Fertigkeiten, aber auch auf Anerkennung, Zuwendung und Wärme durch andere.

▶ Dem Problemverhalten könnte man dieses Motto geben: Ich will in Ruhe gelassen werden.

▶ Können Sie sich folgende Fragen bejahen, dann strebt das Kind wohl das Nahziel 4 an: Sieht das Verhalten des Kindes aus, als ob es allein gelassen sein möchte …, als ob es glaube, es sei dumm (schlechter, behindert, völlig daneben …) … und nicht will, daß dies so deutlich werde, sondern endlich „kein Thema mehr ist … nicht mehr Gegenstand der Beziehung, des Lebens überhaupt ist…

So ändern Sie was!

– Akzeptieren Sie es ohne Worte und mißbilligende Körpersprache, wenn das Kind gerade wieder nicht will! Verzichten Sie überhaupt völlig auf alle noch so gut gemeinten und vernünftigen Belehrungen. Machen Sie sich klar: Solche Methoden haben bisher nicht geholfen! Also kann ich sie ohne Schaden aufgeben ... *und neue probieren.*

– Lassen Sie das Kind erleben: Du bist jemand, du kannst etwas, (auch) dein Leben ist reizvoll. Worte sind hier „Schall und Rauch", *also völlig nutzlos!!* Richten Sie daher immer wieder (behutsam) Situationen her, in denen das Kind erleben kann: Man mag mich als Person. Das Leben, die Welt ist (doch) interessant, ich möchte doch mal wissen ..., ich möchte doch mal sehen ..., das hat Spaß gemacht, das ist schön, das mag ich ...

– Übersehen Sie Fehler!

Lassen Sie sich vom Gedanken leiten: Was nützt meinem Kind, damit es an sich glaubt, damit es andere in positiverem Licht sehen kann, damit es sich bei uns geborgener fühlt? Nehmen Sie sich vor, konsequent zu sein! Fehler entmutigen ..., ja viele Äußerungen, so wahr sie sein mögen, schaden! Als Fördermaßnahme – und darum geht es uns ja hier – eignet sich das nicht.

– Nicht so zupackend sein.

Versuchen Sie auf indirektem Weg, das Kind zu aktivieren, so daß es keine Forderung und Erwartung fühlt (auf die es doch sofort mit seinem Problemverhalten reagieren würde!). Geduld und Gelassenheit, diese Kräfte sind unverzichtbar; versuchen Sie, sie immer wieder ganz bewußt zu erzeugen! Rückschläge und schwache Momente (Stunden/Tage) sehen Sie nicht als Zeichen des Scheiterns, sondern als wichtige, unumgängliche (!) Stationen im Veränderungsprozeß.

Wenn Sie glauben, daß sich die Impulse bei „So ändern Sie was" manchmal leichter anhören als sie sich in die Tat umsetzen lassen, dann haben Sie recht! Aus diesem Grund habe ich die Sieben-Schritte Methode entwickelt:

Mit der 7-Schritte-Methode (zu den Nahzielen) das Problemverhalten ändern

Schritt 1: Notieren Sie sich das Problemverhalten.

Schritt 2: Benennen Sie genau, was Sie am Problemverhalten stört, welche Gedanken und Gefühle es bei Ihnen auslöst.

Schritt 3: Schauen Sie genau hin: Was passiert nach dem Problemverhalten? Genau *das* will das Kind mit seinem Verhalten, genau *das* bringt dem Kind den erzielten Effekt: das Plusgefühl! (Das Verhalten strebt einem Ziel zu!)

Schritt 4: Ermitteln Sie eines der vier Nahziele. Die speziellen Fragen zu jedem Nahziel durchführen. versuchen Sie die Selbsteinschätzung des Kindes zu verstehen, in dem Sie über Grundmeinungen und private Logik des Kindes nachdenken und überlegen, was das Problemverhalten genau *dem Kind* bringt. Denn solange das Kind vom Problemverhalten etwas hat, wird es sich nicht ändern.

Schritt 5: Fragen Sie sich: Was trage ich zum Problemverhalten bei?

Wieso nervt *mich* das Verhalten, andere nicht? Wie kommen solche „Empfindlichkeiten" zustande, wie sind sie erklärbar? Wie nützt mir meine Reaktion auf das Problemverhalten? Denn auch ich wiederhole (zwar „gezwungen" durch das Problemverhalten des Kindes) ja immer wieder mein Verhalten!

Schritt 6: Mit neuem Verhalten das Kind positiv beeinflussen. Einige Vorschläge sind unter „Nahziele" aufgelistet.

Schritt 7: Dem Kind geben, was es braucht.

Erziehende bemühen sich, dem Kind zukommen zu lassen, was es mit dem Problemverhalten „erzwingen" will und gefühlsmäßig so nötig hat: Anerkennung, positive Zuwendung, Ernstgenommensein, Wärme.

Falls Ihnen diese Anleitung nicht zum Anwenden ausreicht oder Sie sich näher mit dieser Methode beschäftigen wollen, verweise ich auf mein Buch „Eltern nehmen Kinder ernst".

Franz Kafka, Schriftsteller, 1883–1924
Ältester Bruder einer Geschwisterreihe, die erst beginnt, als er bereits sechs Jahre lebt: Schwester -6, Schwester -7, Bruder – 8, Schwester Ottla -9.

Der Älteste und die Jüngste, so lassen die Quellen vermuten, standen im besonderen Verhältnis; davon zeugen viele Briefe. In seinem Tagebuch schreibt er am 17.1.1915 über seine Schwester Ottla:

„Ich habe sie wirklich unterdrückt und zwar rücksichtslos, aus Nachlässigkeit und aus Unfähigkeit ... Glücklicherweise ist Ottla so kräftig, daß sie sich allein in einer Stadt sofort von mir erholen würde. Wie viele Fähigkeiten zum Verkehr mit Menschen sind durch meine Schuld unausgedrückt ..."

(Zitiert nach F. Kafka: „Tagebücher 1910–1923", Fischer Taschenbuch 1346, Seite 283)

→ Die Geschwisterreihe zeigt, daß er nicht wirklich dazugehört ... zu lange lebte er als Einzelkind ... doch die jüngste Schwester, das Bindeglied zum Elternhaus, und Franz das „Einzelkind", sie scheinen auf besondere Weise aufeinander bezogen, durch ihn erhält sie eine Sonderrolle und eine besondere Auszeichnung und er eine zuverlässige treusorgende Verehrerin ...

Literaturliste

Adler, Alfred: Menschenkenntnis, Fischer TB 6080, Frankfurt 1966d

Andriessens, E.: Das „Aufdecken" der unbewußten Ziele in pädagogischer Beratung und Therapie. in: Zeitschrift für Individualpsychologie (ZfIP) 3/92, E. Reinhardt Verlag, München/Basel

Ansbacher, H. L./Ansbacher, R:. Alfred Adlers Individualpsychologie, E. Reinhardt Verlag, München/Basel 1982

Blumenthal, M./E.: Trendwende Ermutigung, Horizonte Verlag, Rosenheim 1988

Brunner/Titze: Wörterbuch der Individualpsychologie, E. Reinhardt Verlag, München/Basel 1995, 2. Auflage

Bernstein, Anne C.: Deine, meine und unsere Kinder, Herder Spektrum 4178

Dreikurs/Blumenthal: Eltern und Kinder – Freunde oder Feinde? Klett Verlag 1992

Dreikurs/Gould/Corsini: Familienrat, Deutscher Taschenbuch Verlag 15004

Dreikurs/Grey: Kinder lernen aus den Folgen, Herder Spektrum 612

Forer, L. K./Still, H.: Erstes, zweites, drittes Kind ..., Rowohlt TB 7471

Gordon, Thomas: Familienkonferenz, Rowohlt TB 7347

Lehmkuhl, U./Lehmkuhl, G.: Die Bedeutung der Geschwisterkonstellation in psychotherapeutischer Situation, in: ZfIP 3/95, E. Reinhardt Verlag

Kummer, I.: Das Babuschka-Prinzip, Kösel-Verlag 1993

Klagsbrunn, Francine: Der Geschwisterkomplex, Eichborn Verlag 1992

Leman, Kevin: Füreinander geboren, Herder Spektrum 4358

Lukas, Elisabeth: Sinn in der Familie, Herder Spektrum 4416

Martensen-Larsen, O./Sörrig, K: Große Schwester, kleiner Bruder, Heyne Sachbuch 382

Martens, G.: Auch Eltern waren Kinder, Kösel-Verlag, München, 2. Auflage 1990
Nelsen, Jane: Kinder brauchen Ordnung, Goldmann Taschenbuch 11466
Rüedi, Jürg: Einführung in die individualpsychologische Pädagogik, Haupt-Verlag Bern/Stuttgart/Wien 1995
Richter, H. E.: Eltern, Kind und Neurose, Rowohlt TB 6082
Ruthe, Reinhold: Die Kunst zu ermutigen, Brendow Verlag, Moers 1988
Schmidt, R.: Die Individualpsychologie Alfred Adlers, Fischer TB 6799
Schoenaker, Theo: Ich weiß, ich bin okay – Mut tut gut, Horizonte Verlag, Rosenheim 1991
Titze, Michael: Lebensziel und Lebensstil, Pfeifer Verlag, München 1979
Titze, Michael: Wie wir unsere Angst bewältigen können, Rex Verlag, München/Luzern 1979
Toman, W.: Familienkonstellationen, C. H. Beck, München 1974
Veith, Peter: Eltern machen Kindern Mut, Herder, Freiburg 1997
Veith, Peter: Eltern nehmen Kinder ernst, Herder Spektrum 4640
Weinmann-Lutz, B.: Geschwisterbeziehung: Konstanz und Wandel, in: ZfIP 3/95, E. Reinhardt Verlag

Quellenhinweise

Die Zeichnungen verdanke ich meiner Frau Margot Veith.